Personalentwicklung 2020

I0025166

Angewandte Genderforschung
Gender Research Applied

Herausgegeben von/Edited by Ingelore Welpe

Bd./Vol. 6

PL ACADEMIC RESEARCH

Ingelore Welpe (Hrsg.)

Personalentwicklung 2020

Wie die Megatrends Gender, Diversität und Quotierung
die Personalentwicklung transformieren

PL ACADEMIC
RESEARCH

Bibliografische Information der Deutschen Nationalbibliothek
Die Deutsche Nationalbibliothek verzeichnet diese Publikation
in der Deutschen Nationalbibliografie; detaillierte bibliografische
Daten sind im Internet über http://dnb.d-nb.de abrufbar.

ISSN 1861-1915
ISBN 978-3-631-64093-7 (Print)
E-ISBN 978-3-653-02656-6 (E-Book)
DOI 10.3726/ 978-3-653-02656-6

© Peter Lang GmbH
Internationaler Verlag der Wissenschaften
Frankfurt am Main 2014
Alle Rechte vorbehalten.
PL Academic Research ist ein Imprint der Peter Lang GmbH.

Peter Lang – Frankfurt am Main · Bern · Bruxelles · New York ·
Oxford · Warszawa · Wien

Das Werk einschließlich aller seiner Teile ist urheberrechtlich
geschützt. Jede Verwertung außerhalb der engen Grenzen des
Urheberrechtsgesetzes ist ohne Zustimmung des Verlages
unzulässig und strafbar. Das gilt insbesondere für
Vervielfältigungen, Übersetzungen, Mikroverfilmungen und die
Einspeicherung und Verarbeitung in elektronischen Systemen.

Dieses Buch erscheint in einer Herausgeberreihe bei PL Academic Research
und wurde vor Erscheinen peer reviewed.

www.peterlang.com

Vorwort

Ist das gegenwärtige Personalmanagement in Unternehmungen mittelfristig zukunftsfähig? Wie weit bedenkt die Personalpraxis die Auswirkungen gesellschaftlicher Trends und technologischer Entwicklungen auf Personal und Organisation? Leistet das Management der Ressource Personal nachweisbar einen strategischen Beitrag für die Zielerreichung der Organisation in komplexen Veränderungsprozessen? Hat die Personalentwicklung nachweislich Effekte auf Einstellungen, Verhaltensweisen und Leistungen von Mitarbeiter/innen? Muss sich Personalentwicklung für 2020 neu definieren, damit sie ihre Funktion und Rolle behauptet in den internen und externen Spannungsfeldern der Organisation, zwischen Hierarchie, Macht und Personalpolitik?

Mit solchen Fragen sieht sich das Personalentwicklung theoretisch und praktisch konfrontiert, weil Zukunftsstudien zur Unternehmensführung 2030 einen deutlichen Richtungswechsel für das Personalmanagement sehen. Gefordert sind innovative Praktiken mit strategisch wirkungsvollen Instrumenten für die Personalentwicklung.

Eine Reihe von organisationspsychologischen Untersuchungen und die Managementliteratur befassen sich mit den Leistungen und den ökonomischen Beiträgen des Strategischen Human-Ressourcen-Management (HRM) für die Organisation (Huselid 1995; Jackson u. Schuler 1995). Es bestimmt, inwieweit das operationale Personalmanagementsystem wertschöpfende Leistungen, ökonomischen Mehrwert und Effizienz in der Organisation bewirken kann.

Strategisch meint, dass Unternehmen und Organisationen ein Human Ressourcen Management System wählen müssen, das in Übereinstimmung mit den Umweltanforderungen, mit den Unternehmensstrategien und den Organisationszielen steht und, dass diese Stimmigkeit Voraussetzung und zentrales Gütekriterium für eine produktives Personalmanagement ist (Ferris et.al. 1999). Nach diesen Annahmen können Organisationen nicht einfach sogenannte „best practice" Human-Ressourcen-Management-Systeme anderer Organisationen für ihr eigenes Personalmanagement übernehmen, weil dessen Wirkungen vom jeweiligen Kontext und vom Personalportfolio der Organisation abhängen. Jede Organisation muss für das eigene Personal ein spezifisches passendes HRM-System mit „best fit" entwickeln. Organisationsspezifisch und bedarfsbezogen können Umfang und Inhalte des HRM-Systems variieren, jederzeit unabdingbar ist jedoch, dass die gewählten Einzelpraktiken zielgruppenspezifisch sind und synergetisch zusammenwirken.

Unter den HRM-Einzelpraktiken, die strategisches Potential haben und die Wertschöpfung befördern, nennen die Untersuchungen insbesondere Instrumente für interne Karrierelaufbahnen sowie für Personalauswahl und die Personalentwicklung (Delery u. Doty 1996).

In einem effektiven Personalkonzept bilden die Strukturen und Prozesse der Organisation und die Personalprozesse ein interdependentes System. Eine systemische Sicht auf die Interaktion von Personal und Organisation erleichtert den Umgang mit intern und extern ausgelöster Instabilität, Ambiguität und kritischen Ereignissen, die die Organisation treffen und sich auf die Personalführung auswirken.

Personal ist die wesentliche Ressource in der Organisation. Unter der Ressourcenperspektive suchen Unternehmen daher bedarfsorientiert nach Menschen mit spezifischem Humankapital, damit komplexe Anforderungen zu bewältigen sind. Allgemeines Wissen und generelle Kompetenzen, die primär in Bildungsinstitutionen erworben werden und die Mitarbeiter/innen bei Eintritt zunächst in die Organisation einbringen, decken den heutigen Bedarf der Organisation nicht mehr. Die sozialen Veränderungen, die technologischen Innovationen und der weltweite Wettbewerb verlangen Personal mit Lernfähigkeit und Lernwilligkeit zur Weiterentwicklung von Wissen, sozialen und kommunikativen Kompetenzen sowie von Einstellungen und Haltungen, aus denen eine Organisation ihre kulturelle Identität und inneren Zusammenhalt erzeugen kann. Eine Personalentwicklung, die das Personal und die Organisation mit der „best fit" Strategie zusammenbringen will, verlangt in mehrfacher Hinsicht einen gedanklichen Paradigmenwechsel.

Paradigmenwechsel resultieren aus den technologischen und gesellschaftlichen Entwicklungen, die als Megatrends die Arbeitswelt und alle weiteren Teilsysteme der Gesellschaft nachhaltig verändern. Information und Kommunikation, dezentrale und hierarchiearme Strukturen, virtuelle Arbeitsformen und flexible Arbeitsorganisation bilden sich zügig heraus. Heutige Menschen bevorzugen Individualisierung in ihren Lebensplänen und die Vereinbarkeit von privaten und beruflichen Aufgaben. Einen kräftigen Transformationsdruck in Organisationen bewirken die Mainstream-Themen Gender, Diversität und die Quotierungsdebatten, die auf die Auflösung von sozialen Gruppen-Stereotypen, die Überwindung von Vorurteilen und auf konkrete Chancengleichheit zielen.

Diese sozialen Debatten verändern die Argumentations- und die Handlungslogik in der Personalführung und in der Personalentwicklung nachhaltig. Eignungsmerkmale und Anforderungsprofile für Personal aller Ebenen und für Führungskräfte werden umdefiniert und Personalentwicklungskonzepte neu geschrieben für die kommenden Jahre, gedanklich bereits für die Zeit nach 2020 entwickelt.

Die demographischen Entwicklungen und alternde Gesellschaften verändern vor allem das Personalangebot und die Leistungspotentiale. In der Personalentwicklung bereitet man sich darauf mit Zykluskonzepten vor, mit denen sich Personal zunehmend differenzierter betrachten lässt und sich zielgruppenspezifisch Potentiale, Leistungen und Kompetenzen entwickeln und nutzen lassen. Personalentwicklung richtet zukünftig ihre Instrumente für die Vielfalt des Personals aus, nicht mehr nur vorrangig auf karriereorientiertes Personal, Potentialträger und Spitzenkräfte. Die lebenszyklusorientierte Personalentwicklung als neuer Ansatz berücksichtigt wichtige Zusammenhänge zwischen beruflichen Plänen und persönlichen Lebensphasen von Menschen (Graf 2001).

Die ständige Optimierung des Personalentwicklungsangebots ist strategisch begründet und der Erfolg wird durch Wirkungsmessung kontrolliert. Mit dem Bildungscontrolling werden die indirekten und direkten Wirkungen von Qualifizierung und Weiterbildung auf den Organisationserfolg, auf die Produktivität von Mitarbeitergruppen und Individuen untersucht und gesteuert. Von der Personalentwicklung erwarten Organisation und Personal Bildungsrenditen, Nachhaltigkeit von Weiterbildung und Transfersicherung für den Arbeitsalltag. Das Bildungscontrolling liefert Transparenz in der Personalentwicklung, Rechtfertigung für Bildungsinvestitionen, die Nachweise für die bedarfsgemäße, zielgerichtete und strategiekonforme Weiterentwicklung des Personals und ist schließlich auch ein Beleg für eine professionelle Personalentwicklung 2020.

Personalentwicklung 2020 verändert auch Qualifizierungsprogramme für die Führungskräfte aller Managementebenen und für Personalentwickler/innen selbst. Wer andere entwickeln will, muss selbst erfolgreich gelernt haben. Personenbezogenes handlungsorientiertes Personalmanagement, entschiedene Rollenausübung und flexibles Rollenhandling stehen mindestens gleichrangig neben analytisch-funktionalen Aktivitäten von Führungskräften. Führung entwickelt sich zu Leadership. Neue Rollen ermöglichen den Umgang mit der Vielfalt der Führungssituationen. Systemisches Denken und Handeln, das der Komplexität von Organisation und Personalführung angemessen ist, ermöglicht den Mentalitätswechsel bei Führungskräften. Daher gehören diese Themen in ein Qualifizierungsprogramm für Führungskräfte und Personalentwickler/innen, für die Strategie mehr als ein Plan ist und, weil sie Strategie als Praxis „können" wollen.

Die Beiträge der Autor/innen sind Ergebnis sowohl aus eigener theoriegeleiteter und angewandter wissenschaftlicher Praxis als auch langjähriger weiterentwickelter Erfahrung in der Beratung und im Personaltraining in Wirtschafsunternehmen, in wissenschaftlichen und öffentlichen Organisationen. Die Autor/innen erhoffen, dass sie auch aus der Sicht der Leser/innen einige der wesentlichen Lernfelder für zukünftiges Personalentwicklung nachvollziehbar aufgezeigt haben.

Ingelore Welpe, Kiel im Oktober 2013

Inhaltsverzeichnis

Einleitung: Change the Management!

„Organizations are many things at once", Morgan (1986, S. 339)

Warum ist es so interessant, über das Thema Personalentwicklung in den kommenden Jahren zu sprechen? Warum liegen bereits heute Prognosen über die Anforderungen an Unternehmen im Jahr 2030 vor mit konkreten Aussagen, worauf es ankommen wird bei der Personalführung und welche die anspruchsvollen und zugleich viel versprechenden Lernfelder für innovatives Personalmanagement sind?

In den Fachpublikationen zu Organisation und Personal, in den Bestsellern der Managementliteratur und in Zukunftsstudien zu den Veränderungen in der Wirtschafts- und Arbeitswelt werden die Selbstbilder und die Leistungen von Führungskräften immer deutlicher kritisiert und heute weit verbreitete Verhaltensmuster und Kulturen in der Unternehmensführung als unzeitgemäß bewertet. Es besteht vielfach Konsens darüber, dass der sozioökonomische Kontext der Zeit der Mehrzahl der Organisationen, seinem Management und dem Personal in vielerlei Hinsicht Korrekturen im Denken und Handeln unaufschiebbar abverlangt. Selbstwahrnehmung, Denklogiken und Bewertungsschemata sind auf dem Prüfstand, weil diese, überholt, nicht mehr zur Realität passen. Die Erkenntnis ist folgenreich. Organisationen stehen an bewusstseinsverändernden Bruchlinien für ihr Selbstkonzept, bei der Personalführung und bei der Personalentwicklung. Manche Literatur spricht der kommenden neuen Ordnung das Merkmal Business-Revolution zu (vgl. Malone 2004), die sich in der Zusammenarbeit und in den Beziehungen zwischen Topmanagement, Führungskräften aller Ebenen und dem Personal vollzieht.

Gegenstand von Führung und Management sind nicht mehr Personen, sondern deren Unterschiedlichkeit, deren Potentiale, deren Abhängigkeiten bei der Ressourcennutzung und bei der Wahrnehmung von Risiken und Chancen für den Organisationserfolg. Dafür sind Kooperation, Kommunikation und die Koordination unabdingbar. Diese strategischen Kompetenzen zu entwickeln und zu befördern, das ist die Aufgabe einer zukunftsfähigen Personalentwicklung. Diese **„3 K"** sind es, die Führung als CO-Leadership, Shared Leadership und Führung vor dem Hintergrund beschreiben und, was der Ausruf „Change the Management" meint. Der Personalentwicklung wird abverlangt, dass sie die notwendigen unternehmerischen Einstellungen und Haltungen für Selbstentwicklung, das unbedingte Engagement „high-involvement" und die Selbststeuerung des Personals erreicht. Dazu braucht Personalentwicklung ein Denkmodell, das das Management der

Interdependenzen machbar macht. Die Idee, dass eine Organisation aus Menschen besteht und daher so wie ein lebendiger anpassungsfähiger Organismus arbeitet, ist ein passendes Modell für die Gestaltung der Organisation. Dafür stehen drei Konzepte zur Verfügung: Lernen in der Organisation, was die Weiterentwicklung ermöglicht, die Flexibilisierung mit lose gekoppelten Elementen für das Netzwerken und Interaktionen und die Systemtheorie, als Wissenschaft vom Komplexen, die den Sinnbezug des Handeln liefert (Abb. 1).

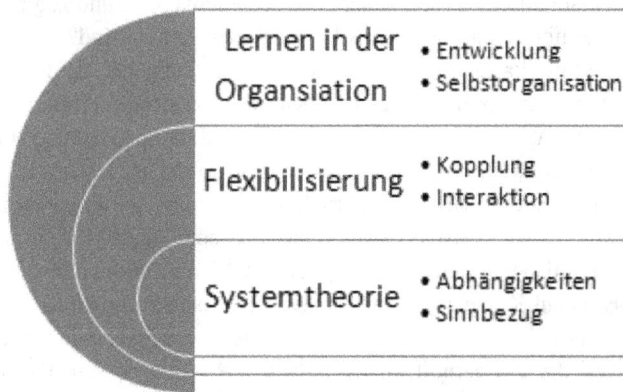

Abb. 1: Basiskonzepte und Gestaltungsperspektiven eines Managementmodells für die offene Zukunft. (Welpe 1999, S. 2) modifiziert.

Das grundlegende Steuerungsprinzip, das jedem Prozess des Lernens und des Konstruierens von Realität zugrunde liegt, ist Selbstorganisation, durch die sich Strukturen, Formen und die Ordnungen in Organisationen herausbilden. *„Wir managen hier nicht Menschen, die Menschen managen sich selbst. Wir organisieren uns um freiwillige Selbstverpflichtungen. Es gibt einen gedanklichen Unterschied zwischen einer Selbstverpflichtung und einem Befehl"* (Organ 1988, S. 84).

Dieser Satz belegt die Beobachtung, dass sich Mitarbeiter selbstorgansiert verhalten und von den vom Management und von Führungskräften eingeführten und vorgegeben Ordnungen wiederkehrend in aller Regel und pragmatisch und in jeder Phase ihres beruflichen Lebenszyklus abweichen, insbesondere dann, wenn Organisationen in eine neue, offene Zukunft treiben, für die alte Ordnungen versagen und eine „neue Firma" verlangt wird. Das ist heute wieder einmal der Fall und dem entspricht auch das kommende demokratische Führungsverständnis, das dem Personal signalisiert: *„Findet heraus, was zu tun ist, tut es, solange die* *vereinbarten und geteilten Ziele erreicht werden"* (Purser u. Cabana 1998, S. 205). Führungskräfte und Personalmanager können diese Haltung und die Handlungskompetenzen dafür nur dann haben, wenn die Vorstellung von „wir oben" und „die unten" in der Organisationen aufgegeben ist und durch ein systemisches Verständnis „wir sind das Ganze" ersetzt wird.

Literatur

Malone, T.W.: The future of work-how new order of business will shape your organization, your management style, and your life. Boston, (2004).

Morgan, G.: Images of Organization. Beverly Hills, (1986).

Organ, D.W.: Organizational Citizenship behavior. The good soldier syndrome. *Lexington. In*: Wunderer, R. (Hrsg.): Mitarbeiter als Mitunternehmer. Grundlagen Förderinstrumente. Praxisbeispiele. Neuwied, (1988).

Purser, R. E. u. Cabana, S.: The self managing corporation: How leading companies are transforming work of teams for real impact. New York, (1998).

Welpe, I.: Das Prinzip der Selbstorganisation und seine Bedeutung für die Entwicklung von Intrapreneurship im Management. München (1999).

Megatrend „Gender" als Treiber der Veränderungen für einen Paradigmenwechsel. „Stellt Euch darauf ein, dass ihr euch auf nichts mehr einstellen könnt!"

Ingelore Welpe

1 Abstract

Vorhersagen über die zukünftige Entwicklung der Gesellschaft, zum Veränderungsbedarf in Unternehmen und das Verhalten von Menschen im ökonomischen und sozialen Umbruch sind zwangsläufig unsicher. Zwar ist die Zukunft offen, dennoch definieren soziale und technologische Megatrends schon heute die komplexen Spannungsfelder, treiben so die Anpassung von dysfunktionalen Unternehmens- und Personalstrategien für 2020 deutlich voran und geben uns eine Vorstellung davon, was in den nächsten 20 Jahren gefordert sein wird. Wesentliche Messgrößen für Modernität sind der Strategiefit des Personalmanagements, die Gender-Diversitätskompetenz der Führungskräfte und die Selbstorganisation des Personals. Als Ergebnis werden die Welt der Arbeit und die Art der Arbeit wirklich neu und unsere Arbeitsweisen völlig anders sein.

2 Zielsetzung

Megatrends ermöglichen es, Entwicklungsrichtungen zu erkennen. Die nötigen Innovationen in der Wertschöpfungskette Personal hat das Personalmanagement in der eigenen Organisation durch Kommunikation und Interaktion selbst zu herauszufinden. Was jedoch grundsätzlich in zukunftsfähige Personalstrategien, in praktische Personalkonzepte und in die Personalentwicklung gehört, möchte der Beitrag benennen.

3 Megatrends

Die Zukunft der Gesellschaft, von Stadt und Staat und ihren Organisationen ist keineswegs nur die Fortschreibung der Gegenwart.

„Wählt man willkürlich eine Periode der Vergangenheit aus und liest die damaligen Schriften über die Zukunft … so ist man erstaunt wie sehr sie danebengelegen habe und zwar fast alle".

Brian Magee

Denn, alle Fortschrittsarchitekten projizieren die Zukunft einfach als Fortsetzung der gegenwärtigen technologischen, wirtschaftlichen und sozialen Sachverhalte. Das ist zu einfach, da die Wirklichkeit erfahrungsgemäß anders ausfällt. Was erleichtert den Umgang mit Ungewissheit und unvorhersehbaren Ereignissen und, was können Grundlagen für strategische Überlegungen und Planungen für Personal und Organisation sein?

Beobachtungen der Trends, die sich in der Gesellschaft abzeichnen, Auseinandersetzungen mit den Mainstream-Diskussionen über Verlauf und Richtung der Entwicklung und Analysen der Auswirkungen von technologischen, wirtschaftlichen und sozialen Problemlagen sind geeignet, Zukunft greifbarer zu machen und Veränderungsprozesse genauer zu gestalten und zu steuern.

Wie in 2020 und nachfolgenden Jahren die Konzepte für Organisations- und Personalentwicklung aussehen sollten, das bestimmen maßgeblich auch globale Megatrends. Es sind langfristige, häufig jahrzehntelange und übergreifende Transformationsprozesse, die die Normen, Regeln und Haltungen in Gesellschaft, Politik, Wirtschaft qualitativ nachhaltig verändern. Sie greifen insbesondere in die Strukturen der Wirtschaft und die Werteorientierungen einer Gesellschaft ein. Weil Megatrends so weitreichende implizite und explizite Implikationen und Auswirkungen haben, bestimmen sie die Strategie-Agenda der Politik, der Wirtschaft und der öffentlichen Institutionen.

Die Hauptakteure des Wandels stammen aus drei Gruppen der weltweiten Emanzipationsbewegungen, und zwar aus der Bewegung für Chancengleichheit für Frauen und andere benachteiligte gesellschaftliche Gruppen sowie aus den Antidiskriminierungsbewegungen zur Gleichbehandlung von Ethnien, aus den ökologischen Bewegungen und den unterschiedlichen zivilgesellschaftlichen Bürgerbewegungen (z.B. der Friedensbewegung, Anti-Atomkraft, Recht auf soziale Stadt).

Zwanzig Megatrends lassen sich derzeit ausmachen, die als Mainstream-Themen die politischen und gesellschaftlichen Diskussionen und die Veränderungsprozesse bestimmen. Die Soziale Trendforschung beobachtet deren Entwicklungsrichtung und ihre Stärke und teilt den Megatrends je nach Stärke und Einflusspotential Rangplätze zu.

Die Rangplätze (vgl. Quelle: Z Punkt) 1 bis 8 der wichtigsten gesellschaftlichen Megatrends besetzen

- Der demographische Wandel (1)
- Die neue Stufe der Individualisierung (2)
- Frauen auf dem Vormarsch/Gender-E-Quality (3)
- Kulturelle Vielfalt (4)

- Neue Mobilitäts-/Konsummuster (5)
- Inklusion (6)
- Wandel der Arbeitswelt (7)
- Neue Aufklärung und Bürgergesellschaften (8).

Im Hintergrund befeuern technologische Megatrends die gesellschaftlichen Entwicklungen. Die Digitalisierung unserer Lebenswelten, die sozialen Medien und virtuellen Netzwerke machen unsere Kommunikation und Interaktion unabhängig von Ort, Zeit und von persönlicher Anwesenheit.

Der Veränderungsdruck der Megatrends formt nicht nur Einstellungen, Haltungen und Werteorientierungen der Gesellschaft, sondern sichtbar die Praxis der Personalentwicklung in Unternhmen um. Die Dynamik und die Arbeitswelt einer Gesellschaft bestimmen zahlreiche Faktoren. Dazu zählen insbesondere die Lebenslagen und Bedürfnisse von Bürger/innen mit Migrationshintergrund sowie die Lebenslagen und Lebenspläne von Frauen. Heute entscheidet sich bereits jede 5. Frau, allein zu leben und Berufstätigkeit als Lebensmodell zu wählen. Dennoch müssen jedoch Frauen generell mehr als Männer, von denen lediglich 6% teilzeitbeschäftigt sind, Mutterpflichten real mit Berufskarrieren schultern. 4/5 der alleinerziehenden Frauen arbeiten, wenn sie berufstätig sind, täglich länger als Mütter in Paarhaushalten und haben daher besondere Anforderungen an die Vereinbarkeit von Beruf und Familienpflichten. Nur 50% aller Kinder unter 8 Jahren können wegen des Mangels an Plätzen eine Tageseinrichtung besuchen. Diese Situation hat erhebliche Auswirkungen auf die Personalgewinnungsstrategien der Unternehmen für mehr Frauen .

Junge Frauen sind heute mehrheitlich besser gebildet als junge Männer und streben Entdiskrimierung bei Entgelt, bei Teilzeitbeschäftigungen und Quotierung für obere Führungspositionen an. Demographisch relevant ist der Fakt, dass es heute noch ab dem 51. Lebensjahr einen Frauenüberschuss in der Gesellschaft gibt, jedoch jährlich mehr Frauen sterben als Mädchen geboren werden, so dass jede neue Generation potenzieller Mütter kleiner als die vorherige ist. So rechnet man für 2050 mit 14.2 Mio. Frauen im reproduktionsfähigen Alter von 15 bis 50 Jahren, gegenüber derzeit von 19,7 Mio. Frauen. Auch dieser Trend beeinflusst mindestens zeitweise die langfristige Bevölkerungspolitik und die zukünftige Personalpolitik.

Nach wie vor bevorzugen Studienanfänger eine geschlechtstypische Fächerwahl, die die horizontale und vertikale Segregation des Arbeitsmarktes zwischen Frauen und Männern weiterhin aufrecht erhält. Junge gut ausgebildete Frauen und Männer verändern ihre Bewerbungsstrategien, nutzen social media Plattformen für die Beurteilung von Unternehmen und zur Auswahl von Arbeitgebern und zeigen damit gegenüber Unternehmen ihre Macht als Nachfrager. Attraktiv für junge Frauen und Männer sind die Unternehmen, die ein exzellentes Human-Ressourcen-Management vorweisen.

Mit der Betonung der Selbstentfaltung und Selbstgestaltung werden soziale Gruppennormen individueller und unverbindlicher. Menschen investieren persönlich mehr als bisher und strategisch in die eigene berufliche Bildung und Weiterentwicklung zum Erhalt der Beschäftigungsfähigkeit und zur Persönlichkeitsentwicklung. Selbstbestimmte Lebensführung geht einher mit abnehmender Bereitschaft zur Unterordnung unter Regeln und Strukturen und unter die Autorität von Führung. Die selbstbewussten Menschen in der Informationsgesellschaft mit ihren mächtigen web-communities wollen und praktizieren Transparenz, den Abbau von hierarchischer Positionsmacht und von Herrschaftswissen, wollen die bedarfsorientierte Gestaltung der Arbeitswelt, fordern die faire Verteilung von Ressourcen, Lasten und Chancen und von Unternehmen eine Personalführung, die ihre Leistungspotentiale erkennt und nutzt, die wachsende Aufgabenkomplexität und zunehmende Arbeitsbelastung ausbalanciert und Vertrauenskultur fördert.

Weil das Personal heute und morgen „schwieriger" wird, sehen sich Personalmanagement und Personalführung außerordentlich gefordert. Im Transformationsprozeß zeigt sich und erscheint die Arbeitswelt virtuell und paradox, gefüllt mit ausdifferenzierten sozialen Milieus der Parallel-Welten, in dezentralen und Netzwerkstrukturen und mit kultureller Diversität. Die rasch fortschreitende Automatisierung führt weg von der Produktion hin zu Serviceleistungen, Informationsdiensten und Beratungsleistungen. Personal wird ersetzbar durch Technologie. Arbeit wird zeit- und ortsunabhängig erledigt. Ein Viertel der Arbeitszeit wird heute bereits mobil mit PC verbracht und mit unbegrenzter Erreichbarkeit. Coffice-work heißt, außerhalb des Büros arbeiten, allein und doch vernetzt mit Notebooks, iphones, ipads oder ebooks. Die Befristung von Arbeitsverhältnissen wird zur Regel, freie Mitarbeit und Selbständigkeit verdrängen Vollzeitbeschäftigung. Anstelle von Arbeiter/innen und Angestellten spricht man von Mitunternehmer/innen und Intrapreneuren, von denen dauerhaft hohe persönliche Anpassungsleistungen und effektive Selbstorganisation verlangt werden. In der Europäischen Union müssen heute schon 60% der Beschäftigten die Reihenfolge und Erledigung ihrer Arbeiten selbst managen und sich dazu kontinuierlich selbst weiterbilden.

Megatrends zwingen Organisationen zu einem Paradigmenwechsel. Grund für den Wechsel eines Denkkonzeptes ist die Wahrnehmung seiner Dysfunktionalität. Der Paradigmenwechsel ist daher ein Problemlösungsversuch für die Organisation. Mit dem Wechsel zu einem neuen Denkmodell, zu einem zukunftsfähigen

Paradigma, sichert die Organisation ihre Existenz und ihre Wettbewerbsfähigkeit um die Human Ressourcen, das richtige und geeignete Personal.

Immer waren es revolutionäre Paradigmenwechsel, die die Entwicklung unserer Gesellschaft und der Wirtschaftwelt vorangebracht haben. Und, alle Paradigmenwechsel zielen auf eine freiheitlichere, chancengleiche, emanzipatorische und diverse Gesellschaft.

Wichtige historische Paradigmenwechsel waren die Aufhebung der Sklaverei und der Leibeigenschaft, die Auflösung von Über- und Unterordnungsverhältnissen zwischen Herr und Knecht, die Durchsetzung der Bürgerrechte mit den Ideen der Freiheit und Gleichheit und die Formulierung der Menschenrechte. Schließlich ist die Abschaffung der Diskriminierung von Frauen und ihre Gleichstellung vor dem Gesetz erreicht in der Gesellschaft und auf dem Arbeitsmarkt. Nun verstärken sich die Gleichheitsbewegungen, um die soziale Diskriminierung von Merkmalen wie Ethnie, sexuelle Orientierung, Alter oder Behinderung zu beenden.

Nach dem neuen Paradigma verstehen sich Organisationen dynamisch, vernetzt und ganzheitlich und als ein System, das seine Ziele, die Wertschöpfung und seine Zukunftsfähigkeit nur mit strategisch stimmigen Prozessen und Strukturen erreicht. Sachlogisch führt dieses Paradigma zu Strategiewechseln für die Ressource Personal. Die Personalstrategien haben zu bedenken, dass seit 2010 das Angebot an Fach- und Führungskräften sinkt, dass qualifiziertes Personal ein knappes Gut und der Rekrutierungsspielraum vor allem bei Jüngeren kleiner wird. Daher sind lebensaltersgerechte Arbeitsformen für älteres Personal anzubieten, soul & life balance Programme, die Arbeitsbelastungen mildern und Maßnahmen, die die Loyalität und die Bindung von Personal sichern. Schließlich muss sich die Personalentwicklung strategisch verstehen, damit das Humankapital des Personals zum Organisationserfolg beiträgt.

Zu klären ist, wie Potentialvielfalt, Lebensphasen, Bedürfnisse und Ansprüche des Personals zu managen und mit den Organisationszielen in Übereinstimmung zu bringen sind. Talentmanagement und Strategisches Personalmanagement sind daher neue Schwerpunkte der Personalentwicklung.

In Organisationen kommen folgerichtig die Personalführungskonzepte ebenso auf den Prüfstand, wie die Personalmanagementpraxis und ihre Instrumente. Die strategischen Unternehmensziele dienen zur Überprüfung der Stimmigkeit des Personalkonzepts mit dem gegenwärtigen Paradigmenwechsel, sondieren die Effektivität der Personalentwicklung und der Instrumente und untersuchen Anpassungserfordernisse der Wertschöpfungskette Personal von der Personalplanung bis zur Personalfreisetzung, damit für die strategischen Unternehmens- und Organisationsziele erreicht werden.

Konkret geht es um Antworten auf nachfolgende vier Fragen:

1. Ist unser **Personalkonzept strategisch** relevant und, sind unsere Maßnahmen zur Personalentwicklung nachweislich wertschöpfend, sind die Personalmanagement-Instrumente stimmig, spezifisch und wirkungsvoll zur Erreichung der strategischen Ziele unseres Unternehmens?
2. Haben wir ein **diversitätskompatibles Human-Ressourcen-Management** und eine geschlechtergerechte Personalführung oder eine zufällige und damit x-beliebige Personalentwicklung?
3. Leisten unsere **Personalmanager und Führungskräfte,** was der **Paradigmenwechsel** von ihnen verlangt, nämlich strategisches Denken und Handeln, gelebte Flexibilität für neue Rollen, souveräner Umgang mit Mehrdeutigkeit und Komplexität in der Personalarbeit und leisten sie auch das, was sie versprechen, Ergebnisse?
4. **Halten Management und Führung das Personal gesund und leistungsmotiviert?** Der Wertschöpfungsbeitrag durch Führungskräfte wird kritischer untersucht. Denn, nur 50% der Beschäftigten vertrauen ihren Führungskräften, umso weniger, je höher deren Positionen sind. Lediglich 36% der Beschäftigten glauben, dass ihre vorgesetzten Führungskräfte ehrlich und integer sind. In den letzten 12 Monaten geben dreiviertel der Beschäftigten an, unethisches oder gesetzeswidriges Verhalten in ihrer Organisation erlebt zu haben. „Ungesunde" Personalführung und schlechte Beziehungen zur Führungskraft gehören zu den Hauptgründen, weshalb gute Mitarbeiter ihre Organisationen verlassen.

Dem Veränderungsdruck müssen sich alle Organisationen bedarfsgemäß stellen. Besonders schwer ist es offenbar, das Personal nicht mehr nur abstrakt zu definieren und uniform zu behandeln, sondern es mit der Genderperspektive als männlich und weiblich wahrzunehmen und die Vielfalt des Personals und die Individuen mit ihren individuellen Potentialen, besonderen Begabungen und Fähigkeiten zu managen. Eine zukunftsfähige Personalstrategie plant und agiert mit Gender und Diversität im Sinne des Gender Mainstreaming und des Diversity Managements.

4 Gendermanagement und Diversity Management sind Problemlösungen im Paradigmenwechsel

Über Gender wird in Zusammenhang mit dem Ziel der geschlechtergerechten Gesellschaft und über Diversität in Zusammenhang mit sozialer Diskriminierung und Gleichbehandlungsforderungen bereits seit den 1970ger Jahren öffentlich diskutiert. Die Debatten zu beiden Themen sind schärfer und nachhaltiger geworden, seit es hier nicht mehr allein nur um politische Forderungen geht, sondern um die Realisierung von Chancengleichheit, um diskriminierungsfreie Personalpolitik, den quotierten Zugang zu Führungspositionen, um Abbau von Privilegien für obere Statusgruppen und um wertvolle Ressourcen wie Qualifikation in der Arbeitswelt.

Gender-Management (Welpe u. Welpe, 2003) und Diversity-Management (Jensen-Dämmrich 2010) sind Personalmanagement-Konzepte, die der Anwendung und Weiterentwicklung von zeitgemäßen Strukturen und Prozessen in Organisationen dienen. Beide Praxiskonzepte sind so spezifisch, dass es für sie keine konkurrierenden Management-Konzepte gibt, wie dies ansonsten für andere, z.B. für Personalführung, generell der Fall ist. Zudem sind beide Konzepte nicht von ökonomischen und betriebswirtschaftlichen Theorieschulen entwickelt (Süß 2007a), sondern sie stammen aus sozialwissenschaftlichen und sozialpolitischen Disziplinen. Dies erschwerte bisher ihre Akzeptanz in Unternehmen und Organisationen.

Den Megatrends, empirischen Befunden und der weltweiten Literatur zu Diversität des Personals und Diversity Management ist es zuzurechnen, dass das Gender- und Diversity-Management in die Personalpraxis, in die Organisationsentwicklung und die sozialen Normen in Unternehmen eindringen und nun auch für die Theorien des Human-Ressourcen-Management bedeutsam werden. Das moderne Personalmanagement sucht zur Bewältigung von Personalproblemen und bei den derzeitigen Herausforderungen innovative Ansätze. So werden in die Personalstrategie Genderaspekte übernommen, nach denen Männer und Frauen im Unternehmen in verschiedener Hinsicht als diverse Mitarbeitergruppen zu behandeln sind.

Konkret finden sich an jedem Punkt in der Wertschöpfungskette Personal Eingriffsmöglichkeiten: Bei der strategischen Personalplanung und der Personalbeschaffung, beim Personalmarketing, im Karriere- und Leistungsmanagement, bei der Arbeitsorganisation, den Anreizsystemen und den Supportsystemen. Personalentwicklung mit Gender inklusiv wird effizienter und effektiver, weil sie zielgruppengenau ist, indem sie legitime Erwartungen, Potentiale und Pläne von Frauen und Männern im Beruf aufnimmt.

5 Wertschöpfungskette Personal

Wenn man das beste Personal gewinnen will, dann setzt das ein **optimales Personalmarketing** voraus. Die Stellenausschreibung ist der erste Kontaktpunkt mit potentiellen männlichen und weiblichen Bewerbern und informiert diese über die

Aufgaben und Anforderungen, aber auch über den Charakter des Unternehmens. Mit der Stellenausschreibung sendet das Unternehmen Signale auf den Bewerbermarkt. Die Empfänger der Signale sind interessierte Männer und Frauen. Wer beide Gruppen erreichen will, muss auch hier besondere Genderaspekte bedenken.

Frauen bewerben sich bei fachlicher Qualifikation weniger oder gar nicht, wenn die Ausschreibung direkt oder indirekt auf Männer zielt. Überwiegend plakative und traditionelle Formulierungen wie „Höchstleistung, überzeugende Professionalität, Höchstmaß an Wettbewerbsorientierung, überdurchschnittliche Einsatzbereitschaft" sprechen in erster Linie das männliche Selbstkonzept an und motivieren daher selbst leistungsstarke selbstbewusste Frauen weniger für eine Bewerbung. Frauen bewerten ihr Leistungsvermögen realistischer und halten wenig von Übertreibungen in Stellenanzeigen. Gerade die gut ausgebildeten Frauen sind sensibilisiert für Fairness in der Arbeitswelt. Unter Genderaspekten ist es empfehlenswert, keine anzeigenüblichen Allgemeinplätze und geschlechterstereotypen Eigenschaften zu verwenden, sondern vor allem Signale zu senden, dass Strukturen und Arbeitsorganisation flexibel sind, Erwerbstätigkeit in Teilzeit nicht karrierenegativ ist und Chancengleichheit gilt. Das alles ist übrigens auch für junge Männer attraktiv.

Die Analysen zum geschlechtstypischen Leistungsvermögen legen es Unternehmen nahe, nach Potenzialen zu suchen, die bei Menschen auch an das Geschlecht gebunden sind. Verhaltensunterschiede bei Männern und Frauen stellen **Genderpotenziale** dar, die Unternehmen nutzen sollten.

Mit Genderpotenzialen sind Leistungspotenziale gemeint. Darunter versteht man Talente, Antriebe, Werteorientierung, Einstellungen, Haltungen und Verhaltensweisen, bei denen zwischen Frauen und Männern Mittelwertunterschiede bestehen, die aus unterschiedlichen Gründen nicht mehr zufällig sind. Ein genderkompetentes Personalmanagement kennt, akzeptiert und nutzt die geschlechtstypischen Kommunikations-, Durchsetzungs-, Konfliktlösungs- und Führungsstile und löst damit oft schwierige Führungs-oder Kundenprobleme besser. Genderpotenzialanalysen, in denen die Kompetenzen von Frauen und Männern unter Kosten und Nutzen in Kundeninteraktionen bewertet wurden, ergaben, dass weibliche Mitarbeiter weitaus mehr Potenzial für Problemlösungen mit schwierigen, insbesondere auch männlichen Kunden haben. Heute nutzen wettbewerbsgetrieben und gendersensibel nicht nur Pharmaunternehmen und Medizingerätehersteller, sondern auch Dienstleister in der Gesundheitswirtschaft, Versicherer oder Banken die Genderpotentiale ihres weiblichen Personals bei der Akquisition, Betreuung und Bindung von Kunden.

Zu den wichtigsten Organisationsformen in Unternehmen gehört die **Teamarbeit**. Man weiß, dass für eine erfolgreiche Teamarbeit die richtigen Mitglieder gefunden werden müssen, deren Leistungsressourcen sich für Problemlösungen in Projekten ergänzen. Bestleistungen in Projektteams werden durch Diversität und durch Kombination von männlichen und weiblichen Leistungspotentialen erzielt. Arbeiten Frauen und Männer in einem Verhältnis von 60:40 in Projektteams, steigt belegt die Produktivität um 30%. Die Feinanalysen dazu zeigen, dass genderbalancierte Teams besser sind als reine Frauen-oder Männerteams. Wenn fachkompetente Frauen und Männer in Teams mit komplexen Aufgabenstellungen zusammenarbeiten, dann ist zu erwarten, dass

→ die Problemanalysen vollständiger
→ die Strategiepläne realistischer
→ die Praxisempfehlungen konkreter sind
→ die Teamorganisation effektiver ist
→ die Präsentationsleistungen professioneller sind und
→ die Zufriedenheit im Team größer ist.

Unternehmen ist daher zu empfehlen, ihre Kernteams zur Effizienzsteigerung nicht nur mit Fachkompetenz, sondern auch mit Genderkompetenz auszustatten.

Sowohl Frauen wie auch Männer verfolgen heute gleichermaßen erfolgreiche **Berufskarrieren** und für beide Geschlechter gilt, dass sie zuerst an der Karriere arbeiten, um dann die privaten Lebenspläne zu realisieren. Für Berufskarrieren vom Einstieg in die erste Führungsebene bis hin zur Ebene einer Spitzenposition gibt es typische Karriereverläufe und viele Hürden zu überwinden. Die nachhaltige Entwicklung und Förderung von Führungskräftenachwuchs ist sehr erfolgskritisch für ein Unternehmen, denn je nach Professionalität des Karrieremanagement kann ein Unternehmen Führungspotentiale mehr oder weniger erkennen, einen ausreichenden Nachwuchspool schaffen und den Nachwuchs auch aus eigenen Reihen gewinnen. Für diese Ziele sollten Unternehmen ihre Karrieresysteme auf Genderfairness hin überprüfen.

Traditionelle genderblinde Karrieresysteme verursachen in Unternehmen Leistungsprobleme, erhöhte Personalkosten, Schwierigkeiten bei der Personalgewinnung und Personalbindung. Flexible Karrierepfade, die den modernen Lebensstil, die Lebensphasen, die Werteorientierung und Gleichgewichtsethik heutiger Frauen und Männer mit kalkulieren, erhöhen die Attraktivität von Unternehmen im Wettbewerb um junges männliches und weibliches Fach- und Führungspersonal.

Frauen und Männer folgen entsprechend ihren sozialen Rollen zwar häufig noch traditionell unterschiedlichen Karrieremustern. Aber auch hier zeigen sich nach Genderdatenreports in Deutschland Veränderungen. Sowohl junge Frauen als auch junge Männer wollen im Beruf Führungspositionen mit work-life-balance für ihr Leben vereinbaren. Dies berücksichtigt ein **gender-kompetentes Karrieremanagement**, weil das männliche und weibliche „young professionals" besser an das Unternehmen bindet.

Das Ziel, mehr Frauen an die Spitze zu bringen und damit unausgeschöpfte Ressourcenvorräte zu nutzen ist ebenso wie die generelle Flexibilisierung von Führungspositionen eine kluge Zielsetzung unter der Geschlechterperspektive. Personalmanagement mit Gender-Kompetenz gibt mit dem Wissen um den zukünftigen Mangel an Fach- und Führungskräften und mit der Erkenntnis, dass „weibliche" Stärken wie Kommunikation, Selbstorganisation und Teamfähigkeit Erfolgsfaktoren im Unternehmen sind, das Denk- und Auswahlschema „Manager gleich Mann" endgültig auf. Anstelle der oft unbewussten Exklusion von Frauen aus Karrierelaufbahnen setzt man nun auf den bewussten Einschluss von Frauen. Flexible Karrieremodelle nützen Männern wie Frauen. Denn flexible Modelle entsprechen den Erfordernissen moderner Paare, Singles und Familien. Gemeinsame Karriereplanungen für Paare, Übernahme von Projektleitungen als Qualifikation für Führungsaufgaben, lebensphasenspezifische Anpassungen von Karrierelaufbahnen und die Vereinbarkeit von Familienphasen mit Karrieren sind Varianten für die Beseitigung von geschlechtstypischen Karrierehindernissen

Die noch mangelnde Repräsentanz von Frauen in Technikunternehmen und in hohen Führungspositionen ist auch eine Folge von ausgeprägten geschlechtsspezifischen Stereotypen. Diese führen zu falschen Personalentscheidungen und damit zu unerwünschten Leistungsverlusten für Unternehmen. Bei der **Personalauswahl** für Führungspositionen dürfen geschlechtstypische Erwartungshaltungen an männliche und weibliche Bewerber keine Rolle spielen, wenn man die Besten haben will. Personalauswahl ist besonders fehleranfällig, wenn sie unter Zeitdruck stattfindet. Beurteiler haben zudem nie alle Informationen. Auswahlverfahren haben in aller Regel einen Genderbias, d.h. sie sind nicht vorurteilsfrei gegenüber Frauen und Männern. Informationslücken über Bewerber und Bewerberinnen sowohl in Einzel-oder Gruppeninterviews oder im Assessment-Center werden unbewusst ersetzt durch sachfremde stereotype Männer- und Frauenbilder. Was als maskulin wahrgenommen wird, wird besser bewertet. Männliche, maskulin auftretende Bewerber haben daher hat mehr Chancen, bevorzugt und ausgewählt zu werden. Wenn jedoch Maskulinität zum Auswahlkriterium wird, dann hat das Unternehmen fehlerhaft entschieden und ein Personalproblem nicht effizient gelöst. Solche Fehlurteile reduzieren sich, wenn ein Gremium für Personalauswahl **ausgewogen** mit männlichen und weiblichen Beurteilern besetzen. Damit wird Beurteilungssicherheit gewonnen und die richtige Person mit Führungseignung kann eher erkannt werden.

Auch für die **Anreizsysteme** im Unternehmen gelten Genderaspekte. Anreizsysteme sind charakterisiert durch die Summe der bewusst gestalteten Arbeitsbedingungen, die aus Unternehmenssicht positive Verhaltensweisen verstärken und negative mindern. Selbstverständlich verlangt Chancengleichheit, dass Unternehmen für gleiche Leistung gleichen Lohn bezahlen, geschlechterbezogene Lohnlücken vermeiden und Frauen bei monetären Anreizen nicht benachteiligt werden. Genderaspekte sind bedeutsam bei einzelnen Belohnungselementen wie es Angebote für Entwicklungsmöglichkeiten und Förderung sind. Immer deutlicher zeigen es personalökonomische Analysen zur Gestaltung von Anreizsystemen, dass es eine Verbindung gibt zwischen der Entgeltproblematik und der Bindeproblematik für weibliche „high potentials" und, dass die Austrittsrate karriereorientierter Frauen und weiblicher Juniorführungskräfte um so höher ist, je größer die finanzielle und faktische Benachteiligung von Frauen in einem Unternehmen ist. Das Unternehmen verhält sich unmodern. Weibliche Managementbeteiligung ist nicht nur eine demographische Notwendigkeit. Es macht personalstrategisch Sinn, mehr weibliche Spitzenführungskräfte an das Unternehmen zu binden, weil damit eine höhere ökonomische Ertragswirksamkeit und Mitarbeiterzufriedenheit einhergeht, wie die Personalforschung belegt. Um mehr weibliche Managerinnen zu gewinnen, müssen nicht-materielle Anreizsysteme frauengerecht sein und auf den weiblichen Führungskräftenachwuchs zugeschnitten werden. Wichtige Komponenten sind das Mentoring-Konzept, das interne Netzwerkprogramm, das Work-Life-Programm oder das Total-Life-Planning-Programm. Für Frauen mit Familienpflichten sind maßgeschneiderte Karriere-Entwicklungspläne notwendig. Individuelle Anreizgestaltung signalisiert dem Personal eine gendersensible Personalführung. Qualifiziertes und motiviertes Personal nennt als häufigsten Grund für die Bewerbung und den Verbleib in einem Unternehmen die faire Unternehmenskultur und unfaire Unternehmenskultur als den häufigsten Grund für den Jobwechsel. Werden Genderaspekte in der Personalführung beachtet, dann profitieren Männer und Frauen und das Unternehmen gleichermaßen, weil man sich personalstrategisch auf den eigenen Bedarf und die Bedürfniserfüllung von Mitarbeitern ausrichtet.

Der **Gender-Kompetenz-Level** eines Unternehmens gilt heute als ein **Humankapitalindikator** und **Modernitätsindikator**. International gehören daher Gender-E-quality, branchenspezifisches Gendermarketing und Genderaspekte in der Technologie und Produktentwicklung inzwischen zu den innovativen Strategien für wirtschaftliches Wachstum, Zugang zu neuen Märkten und für stabile Wettbewerbsfähigkeit.

Eine Organisation, die gender-kompetent ist, ist bestens vorbereitet auf den Umgang mit der kulturellen Vielfalt des Personals. Das heutige **Diversity-Management** in Organisationen wurzelt in den nordamerikanischen Ideen der pluralistischen Gesellschaft, der zivilen Bürgerrechtsbewegungen, in den Affirmativpolitiken für Minderheiten und im Gedanken der kulturellen Demokratie (Ostendorf 1996 S. 487ff). Es ist weiter befördert worden durch die weltwirtschaftliche Entwicklung und Wirtschaftskrisen in den 1950ger bis 1990ger Jahren, zudem durch die heutige ökonomische Globalisierung der Arbeitsmärkte und den diesen folgenden internationalen Migrationsprozessen. Die kulturelle Vielfalt der Menschen und die zunehmende starke Interessenvertretung von ethnischen Gruppen zwingen die Organisationen immer wieder ökonomisch und sozial mindestens zu Integrationsmaßnahmen und bestenfalls zur Inklusion der differenzierten Arbeitskräftepotentiale. In den USA sorgten die Programme der Affirmative Action und die durchgesetzte Quotierung für die Öffnung der Arbeitsmärkte, in der EU geben seit 2000 Gesetze nationale Ziele, Konzepte und Programme die Umsetzung der Chancengleichheit und Antidiskriminierung vor.

Wenn Unternehmen vom Humankapital von Menschen sprechen, meinen sie damit die unterschiedlichen Potentiale, persönlichen Haltungen, die Expertise und die Kompetenzen von Bewerber/innen. Humankapital ist verschieden. Seine „Diversity-Merkmale" beziehen sich nicht auf sichtbare Persönlichkeitsmerkmale, sondern auf die Kennzeichen von **„deep-level-diversity"** (Jensen-Dämmrich (2010, S. 179) wie Werteorientierung, Motive und kognitive Strukturen bei Bewerber/innen. Gesucht wird das, worin Menschen sich kognitiv emotional und motivational unterscheiden, um aus der Vielfalt der Unterschiede die bestmöglichste Belegschaft zu gewinnen, die flexibel, kreativ und innovativ ist. Durch die Wertschätzung, das Zusammenwirken und die Nutzung der unterschiedlichen Persönlichkeitsstile, Erfahrungen und Qualifikationen werden außerordentliche Synergien für Problemlösungen, Leistungsmotivation, strategische Effektivität und Organisationseffizienz im Unternehmen erwartet. Daneben signalisieren Unternehmen, die das Diversity Konzept praktizieren, nach innen und nach außen, dass organisationale Fairness, Pluralität, Durchlässigkeit und Chancengleichheit Elemente der Unternehmenskultur sind. Kontrolle, Reglementierung und bürokratische Verwaltung von Personal hat bei Diversity-Management wenig Bedeutung. Hingegen bestimmen Kommunikation, Koordination und Konfliktlösung als Handlungskompetenzen die Zusammenarbeit und die Personalführung zur Zielerreichung.

6 Strategie-fit des Personalmanagement

Unter dem Paradigmenwechsel werden die Organisationen, gleich ob es Unternehmen, Non-Profit-Organisationen oder Verwaltungen sind, noch strategischer als bisher ausgerichtet auf ihre originären Ziele und damit auf die Optimierung der eigenen Wertschöpfungskette. Strategiefähigkeit hat eine Organisation dann, wenn sie die organisatorischen, materiellen und personellen Bedingungen aufeinander und passend für die Veränderungsprozesse ausrichtet. Strategische Stärke erreicht die Organisation durch **Effektivität, Verhalten, Kraftentwicklung und Stimmigkeit.** Strategische Effektivität verlangt Festlegung auf klare Ziele und von Erfolgsindikatoren. In der Personalentwicklung sind die Personalziele klar auf die Organisationsziele hin auszurichten und wirksame Maßnahmen zur erfolgreichen Umsetzung sind durchzuführen. Der Kraftlieferant der Organisation ist produktives Personal. Strategische Stimmigkeit ist die **Kompatibilität** von konkreten Strategien in der Organisation, **nicht** Harmonie oder Konfliktfreiheit.

Wenn die Wertschöpfungskette Personal strategisch gedacht wird, dann sind Aussagen, Ziele und Aktionen zu Personalmarketing und Personalbeschaffung sowohl intern und als auch extern stimmig mit dem Umweltkontext (Megatrends). Fehlt die Stimmigkeit, dann arbeitet das Personal ineffektiv; das Unternehmen wird wirtschaftlich erfolglos und die Organisation ist sozial risikobehaftet.

Die Organisation hat den gewünschten **Strategie-Fit** erreicht, wenn sie sich systemisch in den wechselseitigen Abhängigkeiten begreift, das Organisationswissen, die Vielfalt des Humankapital des Personals aktualisiert und Schlüsselfragen der Personalentwicklung auch genderfair beantwortet:

1. Welches und wie viel männliches und weibliches Personal brauchen wir wofür und warum?
2. Wie bekommen wir das passende Personalportfolio mit den „richtigen" Männern und Frauen?
3. Wie gleichen wir unsere Auswahl- und Anreizsysteme für männliche und weibliche Mitarbeiter an und wie differenzieren wir zugleich fair?
4. Wie qualifizieren und professionalisieren wir männliche und weibliche Mitarbeiter bedarfs- und potentialorientiert differenziert?
5. Wie binden wir kompetente Frauen und Männer in unterschiedlichen beruflichen und persönlichen Lebensphasen loyal an uns?

Gute Antworten auf solche erfolgskritischen Fragen setzen allerdings voraus, dass Personalmanager und Personalentwickler in Vorleistung gehen und ihr traditionelles Selbstkonzept innovieren. In ihr Rollenprofil gehören drei neue Rollen. Die Rollen des „Katalysator", des „Intrapreneurs" und des „facilitators". Damit erleichtern sich Führungskräfte und Personalmanager den eigenen Mentalitätswechsel für ein gender-kompetentes und zukunftsfähiges Handeln.

Literatur

Jensen-Dämmrich, K.: Diversity-Management. Ein Ansatz zur Gleichbehandlung von Menschen im Spannungsfeld zwischen Globalisierung und Rationalisierung? Mering, (2010).

Ostendorf, B.: Multiculturalism. In: Wersich, U. (Hrsg.): USA-Lexikon: Schlüsselbegriffe zu Politik, Wirtschaft, Gesellschaft, Kulturgeschichte und zu deutschamerikanischen Beziehungen. Berlin, (1996).

Süß, S.: Die Einführung von Diversity-Management in deutschen Organisationen: Diskussionsbeiträge zu drei offenen Fragen. In: Z. f. Personalforschung 21, S. 157 – 170, (2007a).

Welpe, I.; Welpe, I.: Frauen sind besser. Männer auch. Das Gender Management. Wien, (2003).

Die strategische Organisation – systemisch gedacht

Elisabeth Ferrari

1 Abstract

Was heißt es im systemischen Sinn, wenn etwas als „strategisch" bezeichnet wird? Was zeichnet eine Organisation als System aus? Was ist dann – systemisch betrachtet – eine strategische Organisation? Und was bedeutet es überhaupt, wenn man über etwas systemisch – oder besser: systemischer – denkt?

Abhängig vom Typ der Organisation kann „strategisch" viele unterschiedliche Merkmale enthalten. Allen strategischen Überlegungen gemeinsam ist jedoch das Bewusstsein, dass es keiner Organisation möglich sein wird, die Unsicherheit über zukünftige Entwicklungen in Sicherheit zu verwandeln oder die Komplexität dessen, was künftig auf die Organisation einwirken wird, zu beherrschen. Dieser Unsicherheit trägt eine systemischere Strategiearbeit in der hier vorgeschlagenen Form Rechnung, indem sie in eine kontinuierliche Organisationsentwicklung eingebunden wird und wesentlicher Teil eines organisationalen Lernprozesses ist. So erfindet die Organisation sich selbst über ihre Strategie immer wieder neu.

2 Zielsetzung

„Das Systemische ist dadurch gekennzeichnet, dass es den Bezug zum Ganzen sucht"

(Sparrer 2010, S. 20)

Eine Strategie kann nie „richtig" sein, denn was auch immer die Zukunft bringt, sie ist mit Sicherheit anders, als wir sie uns vorstellen. Und trotzdem sollen wir als Führungskräfte das schwerfällige Organisationsschiff in eine bestimmte Richtung manövrieren, von der wir denken, dass sie zielführend ist. Wie kann das gehen? Wie können wir den Mitarbeiterinnen und Mitarbeitern Rahmen und Orientierung und damit eine Sicherheit geben, wenn wir gar nicht wissen können, ob unsere Entscheidungen richtig sind? Im Folgenden werden zunächst die Begriffe „systemisch(er)" und „strategisch" betrachtet, um dann eine Strategiearbeit zu entwerfen, die es ermöglicht, mit laufenden Veränderungen mitzugehen und dennoch die Zukunft zu gestalten.

3 Systemisch(er)

Dass Alles mit Allem zusammenhängt, ist schon fast eine Binsenweisheit. Daraus folgt auch, dass wir diese Zusammenhänge insgesamt gar nicht erfassen können. Wann immer wir etwas beschreiben oder darstellen und dabei sagen: „Das und das ist so", meldet sich in uns das systemische Wissen und sagt: Achtung, auch das ist nur ein Ausschnitt, nur eine von vielen möglichen Darstellungen für die Zusammenhänge. Es gibt auch andere Sichtweisen. Was wir wahrnehmen, kann immer nur ein Ausschnitt sein, und dieser Ausschnitt, bzw. seine Wahrnehmung, trennt ihn von den Zusammenhängen, in dem er steht, also von seinem System, seinem Kontext ab. Das gilt immer. Ganz gleich, wie groß der Ausschnitt ist, es gibt immer noch einen größeren Zusammenhang. Zusammenhängend entstehen Strukturen, die zueinander in Beziehung sind, mehr oder weniger stabil sind und sich miteinander bewegen und verändern – manche schneller, manche langsamer.

Auch Organisationen bestehen aus Zusammenhängen, die sich in Ausschnitten als Strukturen beschreiben lassen (und die so konstruiert werden). Eine Struktur ist dort z. B. gegeben durch Aufgabenzuordnungen: Welcher Mitarbeiter hat welche Aufgaben? Oder durch Hierarchien: Welche Führungskraft hat welche Mitarbeitenden? Oder durch die Definition von Geschäftsprozessen: Wer verantwortet welchen Schritt im Prozess? Das sind alles bewusst gestaltete Strukturen, die man betrachten kann.

Diese Strukturen gelten, wenn sie eingerichtet werden und so lange, wie sie durch die Organisation nicht offiziell verändert werden. Daneben gibt es so etwas wie inoffizielle Strukturen, also die Art und Weise, wie z. B. Mitarbeiterinnen und Mitarbeiter mit den offiziellen Strukturen umgehen, sie ausgestalten und prägen. So entstehen weitere Strukturen, die mehr oder weniger stabil sein können. Diese zu erfassen ist praktisch kaum möglich und, anders als die offiziell vorgegebenen Strukturen verändern sie sich stetig; d.h., jeder Ausschnitt dieser Strukturen ist auch zeitgebunden und kann am nächsten Tag schon wieder anders aussehen.

Nimmt man die bewusst gestalteten und die inoffiziellen Strukturen zusammen, wäre es eine systemische(re) Sicht zu sagen: Ich kann Systeme nur ausschnittsweise betrachten und mir kein stabiles, für alles Fragen gültiges Gesamtbild von ihnen machen.

Dennoch gibt es Versuche der klassischen systemischen Arbeit, auch Organisationen berechenbar zu machen, ihnen Eigenschaften und Muster zuzuschreiben, um Hypothesen bilden und Interventionen planen zu können. In der systemischen Beratung spricht man dabei von Systemdiagnosen, die Beschreibungen von Mustern liefern, man könnte auch sagen: Systeme charakterisieren sollen. Ein Beispiel für eine solche Systemdiagnose liefern Ferrari und Rothgängel (2003).

Im großen Zusammenhang, also im Zusammenhang der Organisation mit der Gesellschaft, gibt es auch so etwas wie Systemdiagnosen: Die Volkswirtschaftslehre und die Betriebswirtschaftslehre sind Beispiele für Versuche, Muster und

Gesetzmäßigkeiten für den Warenaustausch, den wirtschaftliche Organisationen in unserer Gesellschaft verantworten, zu finden. Sie beschreiben zum Beispiel, wie „Märkte nach Bedarfslücken abgetastet" werden und entwickeln daraus eine wissenschaftliche Lehre zum Thema Marktwirtschaft (Wimmer 2012). Andere Organisationen, die nach anderen Mustern funktionieren, sind beispielsweise Fachorganisationen wie Universitäten, Verwaltungen etc. Sie erbringen gesellschaftlich als wichtig erachtete Aufgaben wie z. B. medizinische Behandlungsleistungen oder Erziehungsleistungen. Diese werden durch Disziplinen wie Sozialwissenschaften, Politikwissenschaften etc. wissenschaftlich in ihren Mustern und Gesetzmäßigkeiten zu erfassen gesucht.

Solche Muster zu beschreiben kann sinnvoll sein, wenn man dabei nicht vergisst, dass sie erstens nur einen Ausschnitt der Zusammenhänge darstellen können und zweitens sich allein durch die Beschreibung Strukturen festigen oder verändern. Die Gefahr besteht, zu sehr das gefundene Muster, den Ausschnitt im Blick zu behalten. Wenn dieser sich in den realen Zusammenhängen inzwischen wieder geändert hat, kommt das möglicherweise nicht in den Blick, weil die Konzentration auf den Ausschnitt der offiziell beschriebenen Struktur im Vordergrund steht. Im Bild gesprochen: Sie können das Wellenmuster eines fließenden Gewässers an einer Stelle beschreiben, fotografieren und wissenschaftlich untersuchen. Wenn Sie dann das Ergebnis dieser Untersuchung zur Orientierung benutzen, übersehen Sie möglicherweise die Änderungen, die mittlerweile im Fluss selbst geschehen – etwa weil sich Temperatur und Wassermenge geändert haben- und die das Wellenmuster des Gewässers verändern.

Wie können wir nun so arbeiten, dass wir nicht etwas festschreiben und der Gefahr unterliegen, dass wir in dem Ausschnitt verbleiben, den wir gewählt haben, und diesen Ausschnitt als quasi repräsentativ für das Gesamte sehen? Das würde bedeuten, noch „systemischer" zu arbeiten. Systemischer bedeutet hier, *„in höherem Maße fähig zu werden, von der Zuschreibung von Eigenschaften abzusehen zugunsten der Betrachtung von Relationen"* (Varga von Kibed 2012, S. 6).

Anders formuliert ist es eine systemischere Betrachtung, den gewählten Ausschnitt immer wieder mit seinem Kontext in Verbindung zu bringen und sich so den Ausschnittscharakter bewusst zu machen und über ihn hinauszudenken.

4 Strategisch

Nehmen wir jetzt den Begriff strategisch hinzu, stehen wir vor einem Dilemma. Denn wie sollen wir Strategien entwickeln, ohne verlässliche Muster und Eigenschaften zu haben?

Hinzu kommt: Was genau unter Strategie verstanden wird, ist nicht leicht festzustellen. Der Sprachgebrauch ist nicht einheitlich, und die Erfahrung zeigt, dass
es im Regelfall in einer Gruppe nicht gelingt, sich schnell auf ein Begriffsver-
ständnis zu einigen.

Konsens scheint zu sein: Strategische Arbeit bezieht sich auf die Zukunft. Eine
Möglichkeit der Beschreibung wäre, dass strategische Arbeit das Ziel verfolgt,
Organisationen von einer attraktiven Zukunft her führbar zu machen. *„Dies
bedeutet, dafür Sorge zu tragen, dass die gebündelte Aufmerksamkeit in Organisationen nicht nur auf die Bearbeitung der aktuell anstehenden Problemstellungen
fokussiert ist, sondern auch nennenswerte organisationale Ressourcen sich den
brennenden Zukunftsthemen widmen."* (Glatzel u.Wimmer 2011, S. 126).

Das heißt also, wenn wir als Führungskräfte uns auf systemischere Weise um Strategien kümmern möchten, suchen wir einen Weg zur Strategieentwicklung, der der
Tatsache Rechnung trägt, dass wir schon die Gegenwart nur in Ausschnitten erfassen
können und keine verlässlichen Muster für die Entwicklungen in der Zukunft besitzen. Eine systemischere Art der Strategieentwicklung blendet die großen Zusammenhänge nicht aus, sondern kalkuliert das Nicht-Wissen-Können mit ein, verarbeitet die
Komplexität, anstatt sie zu reduzieren. Aber was genau bedeutet das konkret für die
Aufgabe von Führung in Bezug zu dem Thema Strategie? Wie lassen sich unter diesen
Voraussetzungen strategische Fragen entscheiden?

5 Unentscheidbarkeit strategischer Fragen

Einer der Väter des systemischen Denkens, Heinz von Foerster, unterscheidet
zwei Typen von Fragestellungen: die Entscheidbaren und die Unentscheidbaren.

Entscheidbar sind Fragen, die sich in einem vorgegebenen Kategorien-oder
Regelrahmen bewegen. Im Grunde genommen sind es gar keine Fragen, denn
man kann die Antworten auch einem gut programmierten Computer überlassen.
Welches ist der kürzeste Weg von A nach B? Wie muss ein Stahl gefertigt sein, um
bestimmten Belastungen standzuhalten? In welcher Dosierung wird ein Medika-
ment verabreicht?

Die unentscheidbaren Fragen dagegen stehen außerhalb eines vorgegebenen
fixen Rahmens. Es gibt in gewisser Weise keinen größeren Maßstab, nach dem sie
entschieden werden. Klassisch unentscheidbar sind Fragen wie: Investieren wir in
Produkt A, Produkt B oder gar nicht? Oder in der Verwaltung: Fünf Antragstel-
ler erfüllen die Kriterien für Zuwendungen, es gibt nur Geld für zwei von ihnen.
Die unentscheidbaren Fragen sind diejenigen, für die wir wirklich verantwortlich
sind, da nur wir sie entscheiden können. In diesem Sinne können wir strategische

Fragen als unentscheidbare Fragen bezeichnen. Fragen, die theoretisch von einem Computer entschieden werden können, sind in dieser Sichtweise keine strategischen Fragen.

Eine klare Abgrenzung gibt es nicht zwischen beiden Entscheidungsformen. Mit Hilfe von Kriterienkatalogen, Gesetzen, Richtlinien, DIN-Normen und wissenschaftlichen Erkenntnissen oder Berechnungen – – also durch diverse Musterbildungen – wird versucht, den „unentscheidbaren" Anteil von Fragen möglichst gering zu halten. Wenn wir nun sagen, dass strategische Entscheidungen einer Organisation etwas mit der Gestaltung von Zukunft zu tun haben, können wir unter systemischeren Gesichtspunkten den Vorschlag machen: Wir agieren systemischer, wenn wir erkennen, dass auch Musterbildungen im oben genannten Sinn die Führungskraft einer Organisation nicht davon entheben, eine im Grunde genommen „unentscheidbare" Frage zu entscheiden. Das heißt, dass wir trotz dieser Musterbildungen immer wieder keinen stabilen Maßstab dafür haben, welche Entscheidung richtig oder falsch ist. Strategische Fragen sind freie Entscheidungen im wahrsten Sinne des Wortes.

Systemisch erfahrene Manager wissen also um die vielen Zusammenhänge und die ständige Bewegung der sich darin bildenden Strukturen und darum, dass sie nicht erfassbar sind und Musterbildungen nur eingeschränkt zur Planung dienen können. Sie haben gelernt, dass sie einer Illusion unterliegen, wenn sie an die Beherrschbarkeit von Organisationen und ihrer Umweltbeziehungen glauben. Irgendwie müssen sie mit Unsicherheit und Komplexität fertig werden. Sie meinen nicht, über Musterbildungen im oben beschriebenen Sinn eine Zukunftssicherheit zu gewinnen, und laufen deshalb nicht so sehr Gefahr, *„der Illusion der Beherrschbarkeit von komplexen Umweltzuständen zu erliegen"* (Littmann u. Jansen 2000, S. 20).

Eine strategische Organisation, systemisch verstanden, wird also nicht versuchen, Strategien „zu entwickeln", indem sie quasi versucht, die Zukunft vorauszusagen. Sie wird stattdessen eher „Strategiearbeit" betreiben. Wie kann das aussehen?

6 Vorschlag für systemischere Strategiearbeit

Zwei Elemente sind es, die eine Organisationsentwicklung hin zu einer auf systemischere Art strategischen Organisation ausmachen können.

Erstens: An die Stelle von Voraussagen über die Zukunft und Ideen, wie im Jetzt im Hinblick auf diese vermutete Zukunft zu entscheiden ist, tritt eine Vision eines *erwünschten* Zustands der Zukunft und die Überlegung, was im Jetzt im Hinblick auf diesen erwünschten Zustand getan werden kann. Anders formuliert steht im Vordergrund nicht die Frage: Wie positionieren wir uns in einer vorgegebenen Zukunft?, sondern die Frage: Was immer passiert: Wie *wollen* wir, dass die Zukunft unseres Unternehmens aussieht?

Zweitens: Daneben tritt als weitere Strategiearbeit an die Stelle von Aussagen über zukünftige Entwicklung die achtsame Beobachtung der gegenwärtigen Entwicklungen. Es geht darum, die Organisation im Jetzt so gestalten, dass sie einen möglichst hohen Grad an Flexibilität, Beweglichkeit und Offenheit bekommt, um auf alle aus den diversen Zusammenhängen sich ergebenden tatsächlichen Entwicklungen sofort und flexibel reagieren zu können – ohne sich dabei an irgendetwas „festzubeißen".

Für beide Formen der Strategieentwicklung braucht die Organisation eine Stabilität, eine Form von Verankerung im Hier und Jetzt, etwas Dauerhaftes, zu dem sie immer wieder zurückkehren kann und das relativ unabhängig von den vielen Kontexten und Zusammenhängen stabil bleibt, so etwas wie ein inhaltsleeres Gerüst oder einen Rahmen, der sich immer wieder füllen lässt. Dieses Gerüst besteht ausgerechnet in dem, was zu Unrecht oft als „weiche" Faktoren bezeichnet wird: Es sind die organisationsweit gültigen und gelebten Werte, Haltungen und Sichtweisen und eine Antwort auf die Frage, wie die Organisation ihr Verhältnis zu ihrer Umwelt gestalten möchte.

7 Iter- und Flux-Modus

Die beiden Bestandteile der Strategiearbeit lassen sich in der Terminologie des SySt – Instituts München beschreiben als eine Strategiearbeit, orientiert an den Zeitkanälen Iter und Flux.

Iter-Modus bedeutet, ein Zeitverständnis zu haben, in welchem die Zeit stabil bleibt, aber wir uns in der Zeit bewegen, also auf eine Zukunft zugehen. Agieren im Iter-Modus bedeutet, die Vorstellung zu haben, die Zukunft, auf die man sich zubewegt, aktiv gestalten und bestimmen zu können. Welches ist die Zukunft, auf die wir uns zubewegen möchten? In welche Richtung gehen wir? Die oben als erstes beschriebene Form der Strategiearbeit, die auf einer Vision, einem gewünschten Zustand in der Zukunft beruht, können wir in dieser Terminologie als Strategiearbeit im Iter-Modus beschreiben.

Flux-Modus bedeutet dagegen, die Zeit als etwas zu erleben, das sich auf uns zu bewegt, so dass es unsere Aufgabe ist, auf die Ereignisse zu reagieren und damit umzugehen. Die zweite oben beschriebene Art der Strategiearbeit, in der es um ein achtsames Wahrnehmen gegenwärtiger Ereignisse und Flexibilität geht, können wir als Strategiearbeit im Flux-Modus beschreiben.

Strategiearbeit im Iter-Modus bedeutet also, sich ein Ziel zu setzten, einen gewünschten Zustand zu beschreiben.

○ Wie genau sieht der zukünftige Zustand aus? Dafür braucht es eine sehr konkrete, dennoch visionäre Beschreibung eines guten zukünftigen Zustands.
○ Wie kommen wir vom Heute in diesen zukünftigen Zustand?
○ Welche Ressourcen unterstützen uns hierbei insbesondere?
○ Welche Leitlinien und Maßstäbe zur Beantwortung der täglichen „unentscheidbaren Fragen" ergeben sich hieraus?

Ein Vergleich zwischen dem zukünftigen Zustand und dem Jetzt-Zustand zeigt nicht nur, was in Zukunft hinzukommen soll, sondern auch, was vom Jetzt-Zustand losgelassen werden kann. Es ist eine sehr lösungsfokussierte Form der Strategiearbeit.

Strategiearbeit im Fluxmodus bedeutet, den Blick immer wieder von dem „Wellenmusterfoto" in der oben gewählten Metapher auf den Fluss selbst zu lenken, die Beobachtungen aufzugreifen und förderlich zu verwenden. Es meint also die Befähigung, mit nicht geplanten Entwicklungen, plötzlich auftauchenden Gefährdungslagen oder Chancenpotenzialen umzugehen, sich aus den Fesseln fix geplanter Prozesse immer wieder zu befreien und auf das, was sich auftut, zukunftsorientiert zu reagieren. Was von dem, was heute passiert in unserem Unternehmen, auf dem Markt, bei Kooperationspartnern etc. können wir nutzen, um uns zu entwickeln und unsere unique selling proposition zu stärken? Es gibt zahlreiche Beispiele, die zeigen, dass ein Festhalten an vergangenen Erfolgsrezepten und die fehlende Fähigkeit, Veränderungen der Umwelt, also der Zusammenhänge, in denen die Organisation steht, aufzugreifen, ruinös sein können.

Man könnte sagen, es gibt es für Strategiearbeit im Iter- und Flux-Modus nur eine feste Regel: Das Einzige, was du nicht verändern darfst, ist deine Fähigkeit (Flux) und dein Wille (Iter), dich zu verändern. So gesehen erfinden Unternehmen sich über Strategiearbeit immer wieder neu.

Freilich geht es nicht um ein Entweder – Oder, sondern um ein Beides, eine gute Kombination aus Strategiearbeit nach dem Itermodus und nach dem Fluxmodus. Im Iter-Modus arbeiten Unternehmen an Zukunftsvisionen, also Bildern von ihrem Unternehmen in einer zukünftigen Umgebung. Hieraus wird abgeleitet: Wovon trennen wir uns? Was machen wir weiter wie bisher und was nehmen wir neu hinzu? Gleichzeitig braucht es eine griffige Verzahnung solcher Prozesse mit dem aktuellen Geschehen, also das Aufgreifen von aktuellen Entwicklungen im Flux-Modus, die das Ziel der Entwicklung, die Vision, wieder korrigieren und auch realistisch halten. Somit ist es ein reflexiver Prozess:

Die Vision oder Zielvorstellung sagt etwas darüber aus, wie im Alltagsgeschäft auf das Geschehen, die Zusammenhänge in der Umwelt reagiert werden soll. Das Aufgreifen dessen, was sich in der Umwelt verändert, hat Auswirkungen auf die Zielvorstellung und andere Aspekte der Organisation.

In diesem Zusammenhang sei auf den in der globalen Entrepreneurship-Forschung entwickelten Effectuationsansatz verwiesen. Die eigenständige Entscheidungslogik der Effectuation besagt, dass es im Unterschied zur kausalen Logik nicht darum geht, Vorhersagen zu treffen, um steuern zu können. Stattdessen geht es, kurz gesagt, darum, steuernd auf eine ungewisse Zukunft Einfluss zu nehmen. Man könnte sagen, dass in gewissem Sinn die hier beschriebene Strategiearbeit über den Iter- und Flux-Modus eine Methode darstellt, den Effectuationsansatz zu realisieren.

8 Die Umsetzung

Eine verbundene Iter – Flux – Strategiearbeit beruht weniger auf Top-Down vorgeschriebenen Leitlinien, die auf Papier festgehalten werden. Sie gelingt besser in einem beteiligungsorientierten Prozess. So können zum Beispiel die dezentralen Einheiten Vorschläge einbringen, setzen jedoch nicht das sofort um, was ihnen aus ihrer jeweiligen Logik heraus strategisch opportun erscheint, sondern es kommt zu einer gemeinsamen Taktung der Aktivitäten aller Unternehmenseinheiten und Bereiche. Gelungene Strategieentwicklung stellt eine „Konsensrealität" (Begriff von Matthias Varga von Kibéd vom SySt-Institut München) her, indem sich das Unternehmen darauf verständigt, wie es in Zukunft sein Überleben sichern will. Diese Konsensrealität enthält dann auch Entscheidungsprämissen, die für das tägliche Handeln bestimmend sind.

Da eine strategische Arbeit in dieser Form auch immer den Status quo und vorhandene Entscheidungsmuster reflektiert, dient eine strategische Diskussion auch dazu, Lernen des Top-Managements und des Unternehmens zu unterstützen. Es ist in gewisser Weise auch eine Art Fitnessprogramm für die Organisation.

Zur Visualisierung der Strategiearbeit lässt sich gut das vom SySt-Institut München entwickelte 12 Felder-Schema (nach der 9/12-Felder-Aufstellung) nehmen.

Es ist ein Schema, das sich aufteilt in vier mal drei Felder: Vier Felder, die die Vergangenheit, die Gegenwart, die nähere und die fernere Zukunft abbilden und die von drei Felder gekreuzt werden: Links der innere Kontext, rechts der äußere Kontext, und in der Mitte, als Grenze, das Unternehmen selbst. Die folgende Grafik (Abb. 1) verdeutlicht das Schema.

12-Felder-Aufstellung für die Strategiearbeit

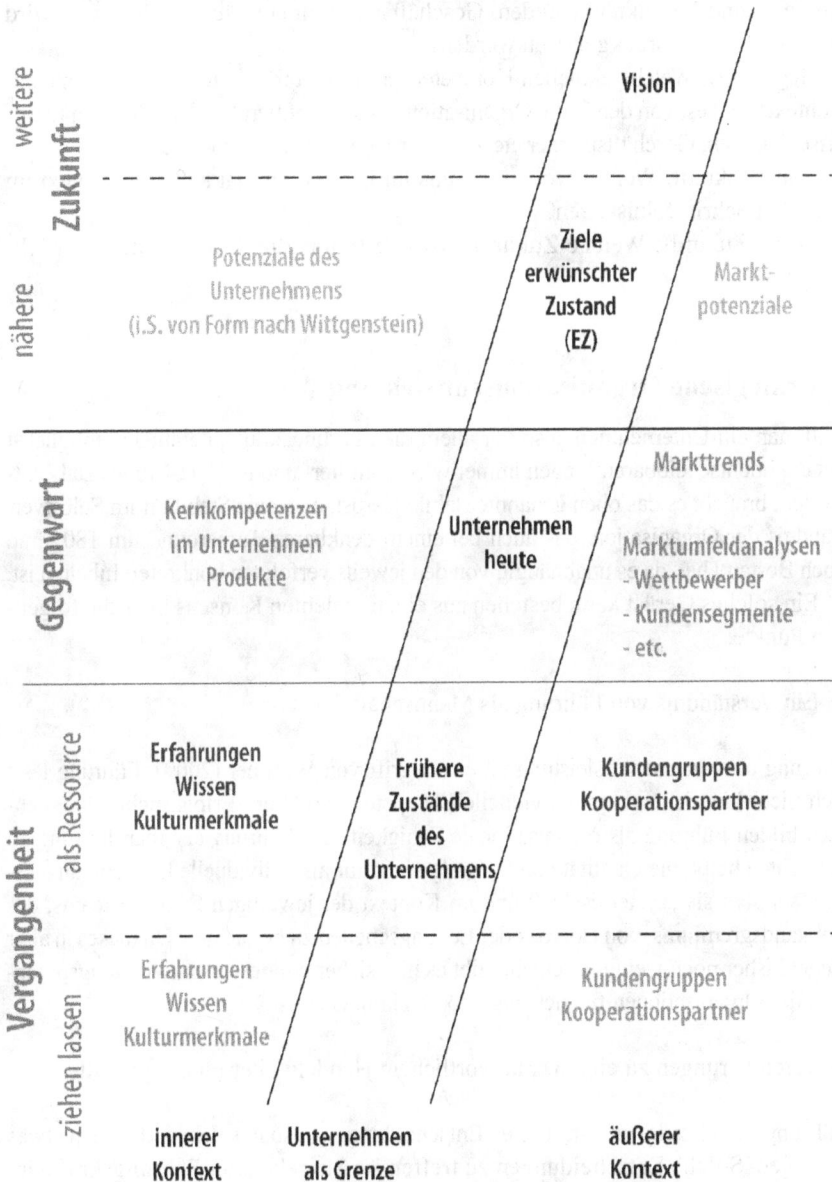

Abb. 1: 9/12-Felder-Schema nach SySt

Zum Füllen dieses Schemas lassen sich die folgenden Fragen stellen:

Vergangenheit: Was an Kompetenzen, Erfahrungen, Merkmalen etc. (innerer Kontext) und Produkten, Kunden, Geschäftspartnern etc. (äußerer Kontext) wird verlassen, kann zurückgelassen werden?

Gegenwart: Welche aktuellen Kompetenzen, Ressourcen, Merkmale etc. (innerer Kontext) sind es, von denen die Organisation gerade profitiert? Welche äußeren Ereignisse, Kunden, Geschäftspartner etc. (äußerer Kontext) sind gerade relevant?

Nahe Zukunft: Worauf wollen wir uns im inneren und im äußeren Kontext im nächsten Schritt fokussieren?

Ferne Zukunft: Welche Zukunftsvision gibt uns die Richtung der Entwicklung vor?

9 Strategische Organisationsentwicklung

Will man ein Unternehmen, also vor allem die Führungskräfte, befähigen, möglichst gut die unentscheidbaren Fragen immer wieder im Iter- und im Flux-Modus zu beantworten, braucht es das oben genannte stabile Gerüst, also eine Stabilität im Selbstverständnis der Organisation, das auch bei einem denkbaren Turnaround um 180 Grad noch Bestand hat, da es unabhängig von den jeweils verfolgten konkreten Inhalten ist.

Ein solches Gerüst kann bestehen aus einem gelebten Konsens über die folgenden Punkte:

➢ Ein Verständnis von Führung als Mannschaftsleistung

Führung als Mannschaftsleistung ist ein Begriff von Wimmer (2009). Führung lässt sich nicht hinreichend als individuelle Kompetenz erklären. Erfolgreiche Unternehmen bilden Führung als organisationale Fähigkeit aus. Führung als Teamleistung zu betrachten heißt, die Qualität von Führung nicht nur als individuelle Leistung anzusehen, sondern sie „systemischer" und im Kontext der jeweiligen Führungsteams, des Vorstandsgremiums, von Boards oder Leitungsebenen zu betrachten. Da dieses in aller Regel bisher noch wenig geschieht, gibt es hier sicher einiges an Entwicklungspotenzial, das Organisationen für sich ausschöpfen können.

➢ Vereinbarungen zu eigenverantwortlichem Handeln aller Führungskräfte

Führungs-Kraft zeigt sich in starken Entscheidungen, also in solchen, die auch etwas bewegen. Solche Entscheidungen zu treffen ist Aufgabe aller Führungskräfte im Unternehmen. Da es keine Sicherheit gibt, dass die Entscheidungen auch in dem

Sinne richtig sind, dass sie langfristig Bestand haben, braucht es eine Fehlerkultur, die den Führungskräften eigenverantwortliches Handeln erlaubt und dieses wertschätzt. Denn dann können Entscheidungen Mitarbeiterinnen und Mitarbeitern Sicherheit und Orientierung auch dann geben, wenn es keine auf 10 Jahre festgeschriebene Unternehmensstrategie gibt, an denen sie sich orientieren.

➢ Gewissheit der eigenen Werte, sowohl bezogen auf persönliche Werte als auch auf Werte des Unternehmens

Eine auf gelebten Werten aufgebaute Corporate Identity, in der die Mitarbeiterinnen und Mitarbeitern ihre eigenen Werte in einem gewissen Rahmen ebenfalls verwirklichen können, gibt Stabilität und Standfestigkeit auch in schwierigen Zeiten. Insbesondere für Führungskräfte lohnen sich entsprechende Werte-Fragen: Was verbindet mich mit dieser Welt? Was gibt mir Halt, Haltung und Richtung? Was möchte ich lernen, wie möchte ich wachsen? Welche Kompetenzen sind mir besonders wichtig, möchte ich ausbauen?

10 Fazit

Besser, als sich auf einen langfristigen fixierten strategischen Fahrplan zu verlassen ist es, Strategiearbeit als einen kontinuierlichen, rekursiven Prozess zu betrachten, der aus der ganzen Organisation heraus erwächst und vom Top-Management kontinuierlich zusammengeführt wird. So ist Strategiearbeit gleichzeitig Lern- und Organisationsentwicklungsprozess. Die Corporate Identity beruht nicht auf inhaltlichen Zielen, sondern auf der Beständigkeit von Unternehmenswerten, von Teamgeist, von einer stärkenden Fehlerkultur und auf richtungsweisenden Entscheidungen mit hoher Eigenverantwortlichkeit. Eine solche systemischere Strategieentwicklung braucht die Komplexität des Ganzen, also aller Zusammenhänge, nicht zu reduzieren. Sie kann sie aufgreifen und gleichzeitig reagieren und gestalten.

Literatur

Ferrari, E.; Rothgängel, F.: Nur Katzen dürfen alles, in Erik Nagel, E. (ed.): Welchen Wandel wollen wir, S. 213ff. Zürich/Chur, (2003).

Glatzel, K.; Wimmer, R.: Strategieentwicklung in der Theorie in: Revue für Postheroisches Management Heft 9 S. 124 – 133. Heidelberg, (2011).

Littmann, P.; Jansen, S. A.: Oszillodox, Virtualisierung – die permanente Neuerfindung der Organisation. Stuttgart, (2000).

Sparrer, I.: Aspekte des Systemischen – Wie systemisch ist die Aufstellungsarbeit, In: Sparrer, I.; Varga von Kibéd, M.: Klare Sicht im Blindflug. Heidelberg, (2010).

Varga von Kibed, M.: „Systemisch" ist nicht systemisch, „Systemischer" ist systemischer, In: Systemischer 1/12. Aachen, (2012).

Wimmer, R.: Führung und Organisation – zwei Seiten ein und derselben Medaille, Postheroisches Management, Heft 4, S. 20 – 33. Heidelberg, (2009).

Wimmer, R.: Neuere Systemtheorie und ihre Implikationen für das Verständnis von Organisation, Führung und Management. In: Ruegg-Stürm, J.; Bieger, Th. (ed.): Unternehmerisches Management – Herausforderungen und Perspektiven, Festschrift für Peter Gomez, S. 7 – 65. Bern, (2012).

Rollenwechsel: Die neuen Personalentwickler/innen

Karin Peters

1 Abstract

Die Bedeutung von Personalentwicklung wird in Organisationen weiterhin unterschätzt: *„ Wohl in keinem betrieblichen Handlungsfeld klaffen derart Anspruch und Wirklichkeit auseinander, wie auf dem Sektor der Personalentwicklung. Die betriebliche Personalentwicklung genießt allen Verlautbarungen zum Trotz nach wie vor den Hauch des Nachgeordneten, des Zweitrangigen, des Nicht-so-Wichtigen. "* (Meifert 2010)

Strategische Personalentwicklung setzt integrierte Prozesse und deren konsequente Steuerung voraus. Durch qualifiziertes und motiviertes Personal kann schnell und richtig auf Kontextveränderungen reagiert werden. Darüber hinaus bringen sich zufriedene Mitarbeiter/innen aktiv in die Organisation ein, steigern die Qualität der inhaltlichen Arbeit sowie die Wertschöpfung des Unternehmens. Einrichtungen, die heute erfolgreich Personalentwicklung betreiben, setzen auf Nachhaltigkeit und verschaffen sich so einen deutlichen Vorteil gegenüber Mitbewerbern. Der Artikel geht der Frage nach, wie sich in diesem Kontext Personalentwickler für die Zukunft nachhaltig aufstellen können und, wie sich ihre neuen Rollen in der Organisation beschreiben lassen.

2 Zielsetzung

Wie sich aus dem Menschen- und Organisationsbild heraus Erwartungen, Aufgaben und berufliche Rollen von Personalentwickler/innen verändern und, welche Bedeutung Rollenklarheit für den Organisationserfolg hat, das stellt der Beitrag dar.

3 Menschen- und Organisationsbild

Personalentwicklung geschieht vor dem Hintergrund der Vorstellungen, wie Menschen in Organisationen gemeinsam erfolgreich sein können. Nach der personalen Systemtheorie und konstruktivistischen Modellen lassen sich folgende Überlegungen anstellen:

- Menschen sind aktiv handelnde Wesen, die aktiv agieren, in dem sie sich Gedanken über ihre Situation machen und auf Basis dieser Überlegungen handeln/entscheiden (Radatz 2011, S. 31ff).

- Freiraum, Vertrauen und Wertschätzung fördern langfristig Leistung und Engagement, weil sie in der Folge Motivation, Selbstorganisation und Commitment hervorbringen (Achouri 2011, S. 242).
- Unternehmenserfolg ist wesentlich davon abhängig, ob es gelingt, die Werte, Interessen und Ziele der Organisation mit denen der Mitarbeiter/innen in einem dynamischen Gleichgewicht weiter zu entwickeln.
- Das Wissen, die Kreativität und die Lernfähigkeit der Mitarbeiter/innen machen den Reichtum einer Organisation aus (Ritz 2010, S. 4).

Unter diesen Maßgaben gehört es zu den zentralen Aufgaben der Personalentwicklung

- strategisch ausgerichtete Konzepte für ein nachhaltiges HRM (Human-Ressourcen-Management) zu entwickeln,
- über Expertenwissen zu verfügen und dieses im Kontext der Organisation anzuwenden,
- zentraler Ansprechpartner und Berater sowohl für die strategische als auch für die operative Führungsebene zu sein,
- Konzepte für einen ressourcenorientierten Personaleinsatz zu entwickeln und Lernprozesse zu gestalten,
- Führungswissen und Methodenkenntnis zu vermitteln und
- den Prozess der Personalentwicklung einem strategischen Controlling zu unterziehen.

Wer in der Personalentwicklung seine berufliche Position findet, muss wissen, welches Verhalten und welche Leistungen in dieser Funktion erwartet werden. Professionalität in der Personalentwicklung erfordert Rollenklarheit. Sie gibt Antwort auf die Frage: Wer bin ich hier, und was soll und darf ich hier tun?

4 Was sind Rollen?

Die **Soziale Rolle** ist ein dem Theater entlehnter Begriff in der Soziologie und Sozialpsychologie. Laut Definition des US-amerikanischen Anthropologen Ralph Linton (1936) stellt die soziale Rolle die Gesamtheit der einem gegebenen Status (z. B. Mutter, Vorgesetzter, Priester etc.) zugeschriebenen „kulturellen Modelle" dar. Dazu gehören insbesondere vom sozialen System abhängige Erwartungen, Werte, Handlungsmuster und Verhaltensweisen. Diesen Anforderungen muss sich ein Sozialer Akteur entsprechend seiner Position stellen. Unabhängig von der sozialen Rolle bewirkt im Berufsleben die zugewiesene operationelle Rolle aufgrund von Qualifikationen eine die Arbeitsteilung bestimmende Unterscheidung.

Personalentwickler/in ist eine von vielen möglichen operationellen Rollen, die man in Organisationen innehaben kann. Diese Rolle wird insgesamt, entsprechend der gegenwärtigen Veränderungen neu definiert. Daraus ergeben sich für die individuelle Personalentwickler/in wichtige Fragen und Klärungsbedarf. Zu wissen, in welcher Rolle man jeweils agiert, welche Erwartungen mit welcher Rolle erfüllbar sind und, wie die gewählten Rollen das Bild der Personalentwickler/in erzeugen, ist für das „Tun" entscheidend.

Warum sind Rollen bedeutsam?

Rollen erfüllen eine wesentliche Aufgabe in Organisationen. Sie reduzieren Komplexität. Rollen schränken für Individuen (ganzer Mensch) zwar den Handlungsspielraum ein, geben aber auch Sicherheit. Wer seine Rolle kennt, muss sich nicht immer wieder fragen, was er in jeder Situation tun soll. Die Rolle definiert vorab, was zu tun ist und was zu lassen ist. *„Unterschiedliche Personen als Träger derselben Rollen sind mit denselben Verhaltenserwartungen konfrontiert. Durch Konstanz der Rollen können Verhaltensmuster über die Zeit reproduziert und soziale Strukturen stabil erhalten werden, auch wenn die konkreten Akteure (Personen) ausgetauscht werden"* (Simon 2013, S. 44).

Rollen können sich jedoch im Laufe der Zeit verändern. Rollenklarheit ist nichts Fixiertes, sondern ein kontinuierlicher Prozess des Aushandelns und Klärens. Die jeweils situativ passende Rolle einzunehmen und durchzuhalten, erfordert innere Klarheit über die eigenen Aufgaben sowie hohe Aufmerksamkeit in Bezug auf die Umwelt, deren Anforderungen sich plötzlich oder auch kaum wahrnehmbar verändern können.

Die strategische Rolle

Eine der zentralen Anforderungen an die Personalentwicklung selbst ist die Personalentwicklung in das strategische Management in einer Art und Weise zu integrieren, die ihre Wirkungswahrscheinlichkeit erhöht. Der Schlüssel dazu liegt in der konsequenten Orientierung der Personalentwicklung an der Unternehmensstrategie oder kurz in der strategieorientierten Personalentwicklung. Das bedeutet konkret, dass Personalentwicklung in enger inhaltlicher und zeitlicher Nähe zur unternehmensstrategischen Planung vorbereitet wird. Die Personalentwicklung versteht sich so als Business-Partner der anderen Organisationseinheiten und unterstützt sie bei der Erfüllung der strategischen Vorgaben mit ihrem spezifischen Know-how. In diesem Verständnis entwickelt sich

die ausschließlich Kosten produzierende Organisationseinheit Personalentwicklung zu einem vollwertigen Geschäftsbereich mit eigenem Leistungsspek-
trum und Beitrag zum Erfolg des Unternehmens (Meifert 2010, S. 15).

Dabei geht es um mehr, als um die persönliche und berufliche Förderung von
Mitarbeiterinnen und Mitarbeitern. Personalentwicklung ist ein langfristig ange-
legter Prozess, der darauf ausgerichtet ist, die Leistungsanforderungen und -ziele
der Organisation mit den Erwartungen, Bedürfnissen, Fähigkeiten und Potenzialen der Beschäftigten in Einklang zu bringen.

Diese systematische Arbeit der Personalentwicklung ist in einem Personalent-
wicklungskonzept der Organisation veröffentlicht. Das Konzept fasst in kompak-
ter Form die Aktivitäten auf dem Gebiet der Personalentwicklung zusammen und
bildet den Rahmen für die mittel- und langfristige Ausrichtung.

Im besten Fall wird das Konzept jährlich an neue Unternehmens- und externe Entwicklungen angepasst und fortgeschrieben. Ausgangspunkt ist jeweils
ein Jahresbericht über die Aktivitäten der Personalentwicklung des vergangenen Jahres.

Ein zukunftsfähiges Personalentwicklungs-Konzept ist inhaltlich ausgerichtet an:

- den strategischen Zielsetzungen und den Werten des Unternehmens,
- der Art und Weise der Zukunftsentwicklung,
- der Wertschöpfungskette,
- der Organisationskultur und
- der Umwelt, in der die Organisation agiert.

Die methodische Kompetenz der Personalentwicklung ist Voraussetzung zur
Erreichung und Überprüfung von Effektivität und Effizienz, sie verschafft der
Personalentwicklung Akzeptanz und sichert ihr die erforderlichen Ressourcen.
Bedarfsanalysen, Ziele setzen, kreatives Gestalten, Realisieren, Erfolgskontrolle
und Transfersicherung sind die Teilschritte einer systematischen Personalentwick-
lungsplanung (Becker 2005).

In der **Analysephase** geht es darum, die Ist-Situation der Personalentwicklung
abzuklären. Dazu werden z. B. die Aufgaben, Prozesse und Ressourcen aufge-
nommen, die Organisation, Instrumente und Dokumente, insbesondere die Un-
ternehmens- und Personalstrategie analysiert und gegebenenfalls mit externen
Informationen verglichen „Benchmarking". Daneben werden die Erwartungen
und Bedürfnisse der unternehmensinternen Kunden erhoben.

Basierend auf den Ergebnissen der Analysephase werden in der **Konzeptphase**
eine Sollvorstellung und die Ziele für die betriebliche Personalentwicklung

erarbeitet. Im Zentrum steht eine reflektierte Personalentwicklungsstrategie. Sie sollte mindestens Antworten auf folgende Fragen liefern:

- Wofür wollen wir stehen?
- Welche Rollen und Werte sollen unser Handeln prägen?
- Welches Verhalten wollen wir fördern?
- Was soll uns auszeichnen?
- Welche Leistungen wollen wir anbieten, welche werden wir einfordern?
- Welchen Erfolgsmaßstab setzen wir uns?
- Wann haben wir Erfolg?

Aufbauend auf dieser niedergelegten Strategie werden die weiteren **konzeptionellen Arbeiten** eingeleitet.

In der **Umsetzungsphase** werden die in der Konzeptphase definierten Sollvorstellungen in die Tat umgesetzt. Diese Phase ist für die Personalentwicklungsplanung am erfolgskritischsten. Schließlich ist der gesamte Prozess wirkungslos, wenn er nicht mit Leben gefüllt wird. Mit einem erfolgreichen Umsetzungsprozess lässt sich der Stellenwert der Personalentwicklung im Unternehmen nachhaltig steigern und damit die Position insgesamt verbessern.

Den Abschluss eines derartigen Projektes bildet in der Regel die **Evaluationsphase**, die vor allem der Qualitäts- und Erfolgskontrolle dient. Es gilt zu beurteilen, ob die gesteckten Ziele der Initiative faktisch erreicht wurden und, an welchen Punkten noch unentdeckte Verbesserungspotenziale bestehen. Daraus lassen sich die weiteren notwendigen Interventionen in der Personalentwicklung planen sowie „Lessons Learned" für weitere Projekte ableiten.

Personalentwicklungsmaßnahmen sind aber erst dann erfolgreich abgeschlossen, wenn die Mitarbeiterinnen und Mitarbeiter das Gelernte am Arbeitsplatz dauerhaft zur Bewältigung ihrer Aufgaben anwenden. Die **Transfersicherung** muss in enger Kooperation der Führungskräfte und der Mitarbeiter erfolgen. Die Führungskräfte leisten insbesondere dadurch Unterstützung, dass sie die Mitarbeiter ermuntern, die erworbenen Kenntnisse in ihre Arbeit einzubringen. Erfolgt Personalentwicklung am Arbeitsplatz und am konkreten Lernobjekt, dann ist die Transferproblematik überwunden, weil Lern- und Arbeitsfeld zusammenfallen.

Die Expertenrolle für Personalentwicklung und Organisationsentwicklung

Die Personalentwickler haben mehr zu tun, als nur für Beschäftigte Seminare zu organisieren. Die neuen Personalentwickler sind auch formal in das strategische Entscheidungssystem der Organisation eingebunden und verstehen es, Konzepte zu entwickeln, die die Prozesse der Wertschöpfungskette Personal vom Marketing bis zum Exit mit denen der Personalentwicklung verknüpfen. Dabei betrachtet sie das Personal zunehmend differenziert und berücksichtigt Zusammenhänge der beruflichen Laufbahn mit persönlichen Themen und Phasen von Menschen im Sinn der lebenszyklusorientierten Personalentwicklung.

Bei dieser Form der Organisationsentwicklung arbeiten mehrere Parteien für einem gemeinsamen Gewinn zusammen, wozu es einer spezifischer Verhandlungsfähigkeit bedarf. *„Bei solchen Verhandlungen geht es um Entscheidungen, die zwischen mehreren Beteiligten in gegenseitiger Abhängigkeit voneinander getroffen werden. Verhandlungen und das damit verbundene Handeln leben von einem wechselseitigen Geben und Nehmen und der Möglichkeit hierzu: Jeder trägt etwas zu dem gemeinsamen Nutzen bei, jeder schaut, was der andere braucht, damit er selbst bekommt, was er will. Dieser Austausch ist die Voraussetzung dafür, dass etwas in Bewegung kommt und sich etwas verändert"* (Ferrari u. Rühl 2013, S. 7).

Das Beispiel zeigt, dass das Personal in der Personalentwicklung aufgrund der Aufgabenfülle und -intensität über eine breit angelegte Qualifikation verfügen muss und Personalentwickler in die Lage versetzt werden müssen, in konkreten Situationen ihre Qualifikation angemessen anzuwenden. Dazu bedarf es nach Meifert (2010) folgender Voraussetzungen:

- Festgelegte Ausbildungs- und Fortbildungswege für den Zugang zum Expertenstatus Personalentwickler
- Klar definierte Zugangsvoraussetzungen, welche den Bewerberkreis einschränken und ein Mindestmaß an Homogenität sichern
- Spezifische Einkommens- und Aufstiegschancen, die ein angemessenes Sozialprestige verleihen und ein auf die Arbeitsfähigkeit bezogenes Ethos ermöglichen
- Interessenvertretungen in Form von Berufsverbänden zur Durchsetzung von Interessenlagen (Meifert ebda., S. 7).

Bis heute gibt es jedoch kein einheitlich bestimmbares Berufsbild „Personalentwickler/in". Als Personalentwickler gilt bisher im Allgemeinen derjenige, der in einem Unternehmen die entsprechende Funktion ausfüllt. Personalentwickler ist der Stelleninhaber. Mithin finden sich in diesen Funktionen Juristen, Pädagogen, Ingenieure, Soziologen, Lehrer, Psychologen und andere Berufsgruppen. Zur Professionalisierung bedarf das Berufsbild der Personalentwickler daher einer präziseren Beschreibung, weil erst das sie formal als Experten ausweist und ihnen die notwendige Autorität gibt im Sinne einer faktisch akzeptierten Rolle in der Organisation.

Dabei hat Autorität der Personalentwickler in Unternehmen drei Aspekte: Die *persönliche Autorität* wird reflektiert durch den „Charakter". Es sind vor allem Ausstrahlungskraft, persönliche Reife, Integrität, Charisma, Aufgeschlossenheit und Zugänglichkeit, die die Autorität einer Person begründen, auch wenn diese über keine formale Autorität verfügt.

Die *formale Autorität* leitet sich in der Regel aus der Organisationsstruktur eines Unternehmens ab. Die Struktur eines Unternehmens gibt die Über- und Unterordnung in der Kompetenzhierarchie vor. Die Kompetenzhierarchie kann daher als Autoritätshierarchie verstanden werden. Formale Autorität wird durch Entscheidungs- und Weisungsbefugnis ausgeübt.

Die dritte Form, die *funktionale Autorität*, ergibt sich aus der fachlichen Qualifikation eines Personalentwicklers. Sie entsteht aus dem Wissen und Können einer Person auf einem oder mehreren Fachgebieten. Man verwendet dafür auch Begriffe wie „Fachautorität", „Expertenautorität" oder „Sachautorität".

Diese beschriebenen Autoritäten ergänzen und verstärken sich wechselseitig. Für Personalentwickler sind die personale und funktionale Autorität besonders wichtig. Personalentwickler mit guten fachlichen Kenntnissen, aber „charakterlichen" Schwächen, schwächen ihre funktionale Autorität. Der umgekehrte Fall ist ebenso problematisch. Charismatische Personalentwickler ohne solide fachliche Kenntnisse, sind in ihrer Autorität ebenfalls gefährdet (Bentele u. Piwinger 2009).

Der glaubwürdigen Autorität kommt aus drei Gründen eine Schlüsselrolle zu. Sie

- *reduziert soziale und fachliche Komplexität,* weil sie es der Zielpersonen erlässt, alles selber prüfen oder kontrollieren zu müssen.
- *ersetzt mangelnde Informationen.* Autorität beruht letztlich auf Wissensdefiziten. Man ist nie vollständig informiert über die anderen und nie ganz unwissend. Zielpersonen vertrauen einfach der Autorität und verzichten auf weitere Beweise für die Richtigkeit dieser oder jener Meinung, Einstellung oder Verhaltensweise. So gewinnen Menschen und Unternehmen Zeit, sparen Informations- und Kontrollkosten und schonen Ressourcen.
- *erweitert Handlungsmöglichkeiten.* Wer als Autorität akzeptiert wird, hat mehr Handlungsmöglichkeiten, kann experimentieren und neue Wege gehen. (ebda.)

Gerade in Krisenzeiten sind Menschen gefragt, die aufgrund ihrer professionellen Expertise Entscheidungen treffen, weil sie anderen damit Halt und Orientierung bieten. Unübersichtliche Situationen bedürfen plausibler Erklärungen. Der angemessene Einsatz von „Autoritäten" ist daher Teil des Krisenmanagements.

Die beratende Rolle

Personalentwicklung ist ein geplanter, systematischer Prozess, in dem die Führungs-kräfte und Mitarbeiter/innen der Organisation befähigt werden in Strukturen und Prozessen zusammenzuwirken, um Produkte zu erstellen. Die Personalentwickler initiieren, gestalten und begleiten diese Prozesse. Ihre Beratungstätigkeit zielt auf eine Konkretisierung der Aufgaben und Kompetenzen, klärt Interessen, lässt Barrie-ren erkennen, ermöglicht das Suchen und Nutzen von neuen Verständigungswegen und fördert die konstruktive Form der Konfliktfähigkeit. Die Beratungsarbeit unter-stützt die Entwicklung der Mitglieder der Organisationseinheiten durch das Sichtbar-machen und die Wahrnehmung von Ressourcen, von Stärken und Fähigkeiten, die zur Aufgabenerfüllung zur Verfügung stehen.

Im Organisationskontext lassen sich folgende Formen und Aufgaben von Beratung unterscheiden.

Fachliche Beratung	Analyse, Diagnose und Lösungsvorschläge zu themenbezogenen Fragestellungen. Speziell ausgebildete Fachleute unterstützen mit ihrem Fachwissen bei der Lösung fachlicher Probleme.
Prozessbegleitung	Beratung in Form von Moderation für die Gestaltung und Organisation von Veränderungsprozessen.
Coaching	Professionelle Begleitung von Menschen in beruflichen Zusammenhängen, z.B. bei Entwicklungs- und Konfliktfragen.
Kollegiale Beratung	Kolleg/innen einer Hierarchiestufe beraten sich gegenseitig mithilfe eines strukturierten Vorgehens.

Jede Beratung, unabhängig von ihrer Intention, wird bestimmt von den am Prozess beteiligten Personen und dem Verständnis von Beratung. Das jeweilige Beratungsverständnis wird sowohl durch die Persönlichkeit als auch durch das Menschenbild der beratenden Personen geprägt. Das bestimmt, welchen Beratungsansatz man bevorzugt wählt. Es ist notwendig, verschiedene Bera-tungsansätze sowie deren Methoden und Vorgehen zu kennen, um auf diese Weise festzustellen, welcher Beratungsansatz der eigenen Persönlichkeit am ehesten entspricht. So kann man sich zu einer authentischen und glaubwürdigen Berater-persönlichkeit entwickeln.

Die systemisch-konstruktivistische Beratungshaltung ist eine spezifische Art, die Welt zu betrachten und mit Problemlagen in der Arbeitswelt umzugehen.

Die Systemtheorie (Simon 2013) geht davon aus, dass Unternehmen sich durch spezifische Eigenleben auszeichnen. Vieles, was die Kommunikation in Unterneh-men wesentlich bestimmt, liegt im Verborgenen. Hier wirken Regeln, Werte, Normen und Muster, die die Kultur des Unternehmens definieren. Sie lassen die Menschen in der Organisation in einer für das Unternehmen typischen Weise handeln. Der gemeinsame Sinnzusammenhang grenzt systemspezifisch ab. Werte und Normen liefern den im Unternehmen agierenden Menschen die Orientierungsgrundlage und Handlungssicherheit. Routinen und Muster sind die Stabilität in der Organisation.

Die Grundhaltung des konstruktivistischen Denkens (v. Glasersfeld 1997; v. Förster 2008) ist, dass es keine objektive Wirklichkeit gibt, sondern nur Wahrnehmung der Wirklichkeit, wie sie im Auge des Betrachters entsteht. Zwei Menschen werden Gleiches nicht auf die gleiche Art und Weise wahrnehmen und erleben (vgl. Abb. 1).

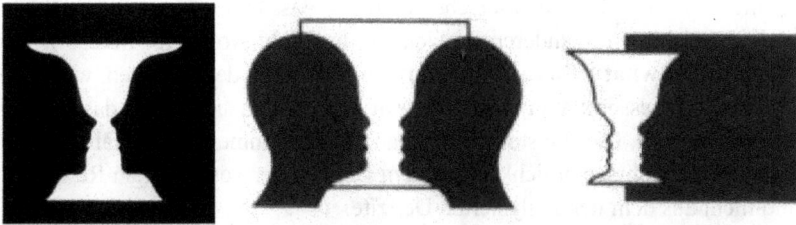

Abb. 1: Die Kippfiguren von Edgar Rubin (1915) aus der Gestaltpsychologie. Sie demonstrieren, dass wir kurioserweise nicht beide Figuren gleichzeitig fokussieren können, sodass in der Wahrnehmung die Figur immer wieder hin und her kippt.

Alle Vorerfahrungen, subjektiven Einstellungen, Vermutungen, Erwartungen und Bedeutungen, die wir einer Information zuschreiben, wirken sich darauf aus, was subjektiv als tatsächlich wahrgenommen wird. Sie wirken je nach Situation und Stimmung wie Filter für die Wahrnehmung. Das berühmte Glas Wasser, das zur Hälfte mit Wasser gefüllt ist, kann je nach Blickwinkel oder Bedürfnissen sowohl halb voll als auch halb leer sein. Das bedeutet, dass sich soziale Probleme und Wahrnehmung nicht objektiv diskutieren lassen. Ein Problem wird zu bestimmten Momenten von Betroffenen wahrgenommen und ist für diese Moment wirklichkeitsbestimmend. Wir können deshalb die Problemsicht Anderer weder umfänglich verstehen, noch lösen.

Die systemisch-konstruktivistische Organisationsberatung geht nun davon aus, dass soziotechnische Systeme nicht eine faktische Lösung von externer Seite, sondern Unterstützung bei der Lösung ihrer wahrgenommenen Probleme benötigen. Die Lösung muss von „innen" kommen. Die „Experten des Problems" sind die Führungskräfte und Mitarbeiter/innen, die das Problem haben. Der systemische Berater beschränkt sich deshalb auf Coaching, Anregung und reflexionsförderliche Fragestellungen, die aus den Haltungen Lösungsfokussierung und Ressourcenorientierung resultieren (Radatz 2011).

Das zentrale Credo der lösungsfokussierten Beratung, das mit den Namen von Steve de Shazer und Insoo Kim Berg verbunden ist, lautet: Verliere Dich nicht in der aufreibenden Suche nach der Ursache von Problemen, sondern konzentriere Dich von Beginn an auf mögliche Lösungen. Dieses Vorgehen setzt vom Berater oder Coach Einstellungen voraus, die am besten in den ‚SIMPLE'-Prinzipien des Solution Focus deutlich werden und die im Praxishandbuch Solution Tools von Röhrig und Dierolf (2012) beschrieben sind:

- **Solutions – not problems**, also Lösungen statt Probleme fokussieren – und zwar im Sinne von dem, was von den Klienten gewünscht wird.
- **Inbetween – not individual**, also interaktiv statt individuell arbeiten. Die lösungsorientierte Lerntheorie geht davon aus, dass Menschen ihre Fähigkeiten in der Interaktion mit anderen entwickeln (und nicht ‚von innen heraus').
- **Make use of what's there – not what isn't**, also mit dem arbeiten, was schon funktioniert, besser klappt oder sogar mit dem, das dazu beiträgt, dass es nicht schlimmer wird. Die Bausteine für Veränderung kommen aller Erfahrung nach mit höherer Wahrscheinlichkeit aus dem Bereich der vorhandenen Ressourcen und nicht aus dem der analysierten Defizite.
- **Possibilities from past, present and future**, also Hoffnung und Optimismus aus den Möglichkeiten schöpfen, die Gegenwart und Zukunft bieten. Auch in der Vergangenheit liegen häufig unentdeckte Möglichkeiten, die die Klienten erkunden, indem sie diese mit dem zukünftig Gewünschten verbinden.
- **Language – clear, not complicated**, also eine einfache, klare Sprache benutzen, mit Worten, die eher kurz und konkret sind und helfen, detailliert den Alltag zu beschreiben. Eine abstrakte und generalisierende Sprache – gar Berater-Kauderwelsch – ist zu vermeiden.
- **Every case is different – avoid ill-fitting theory**, also jedem Fall mit Offenheit begegnen, mit einer Haltung des „Nicht-Wissens", was nun als nächster Schritt getan werden soll. Dies hilft, klarer zu sehen, vor allem, wenn vorgefasste Ideen nicht mit der Erfahrung übereinstimmen.

In der Personal- und Organisationsentwicklung bietet sich die lösungsfokussierte Unterstützung besonders bei Teamentwicklungsprozessen, bei der Klärung von Konflikten sowie bei Veränderungs- und Change-Prozessen an.

Die Rolle als Talentscout

Gerade schwierige Zeiten bieten Unternehmen die Chance, sich durch ein strategisch ausgerichtetes Talent-Management vom Wettbewerb abzuheben und nachhaltige Wettbewerbsvorteile aufzubauen (Ritz u. Thom 2012). Ein modernes

Talent-Management beschränkt sich nicht auf die High Potentials, sondern berücksichtigt die Potenziale und Kompetenzen aller Mitarbeiter/innen (Steinkeller u. Czerny 2009).

Im strategischen Human-Ressourcen-Management hat sich deshalb in den letzten Jahren der ressourcenorientierte Ansatz aus der fachwissenschaftlichen Debatte über Humane Ressourcen durchgesetzt. Personal ist die wichtigste Ressource in der Organisation und daher besonders wichtig für die Erringung nachhaltiger Wettbewerbsvorteile. Die zentrale Zielsetzung des ressourcenorientierten Ansatzes ist es, Talente und Kompetenzen als strategische Ressourcen zu generieren und zu erhalten.

Im allgemeinen Gebrauch wird der Begriff Talent als „außergewöhnliche Begabung einer Person in einem bestimmten Gebiet" definiert. Buckingham u. Clifton (2007) definieren Talent als jedes nachhaltige Denk-, Gefühls-oder Verhaltensmuster, das produktiv eingesetzt werden kann. Talente gehören zur dispositiven Ausstattung einer Person und sind nicht erworben. Ein Indikator für Talent ist die Beobachtung, dass eine Person bestimmte Handlungen und Leistungen mit gleichbleibend gutem Ergebnis regelmäßig wiederholen kann. Die Summe aus Talenten umfasst neben den produktiven Denk-,Gefühls- und Verhaltensmustern, Allgemeinwissen, Fachwissen und Erfahrungswissen sowie Können als Fertigkeiten. Das alles zusammen bildet das Stärkenprofil einer Person. Fachliche und persönliche Stärke entsteht erst da, wo Wissen und Können auf Talenten aufbauen und Personalentwicklung sich auf Talente ausrichtet.

Für ein wirksames Talentmanagement ist das Zusammenspiel von Identifikation, Entwicklung, Nutzung, Leistungsmanagement und Erhalt von Talenten sowie Mitarbeiterbindung entscheidend.

- **Die Identifikation** von Talenten erfolgt primär durch biographische (vergangenheitsbezogene) und lösungsfokussierte (zukunftsorientierte) Verfahren in Form von Selbsteinschätzung und Fremdeinschätzung (durch z.B. Vorgesetzte, Kollegen, Familie).
Die Kernfrage lautet: Wo ist etwas gut gelungen (im Sinne, es geht mir etwas leicht von der Hand, es werden meine Sehnsüchte angesprochen, ich lerne an dieser Stelle schnell, es bringt mir Befriedigung und Glück) und warum?
- **Die Entwicklung der Talente und Begabungen**
Begabungen zu Kompetenzen weiterzuentwickeln und lebenslanges Lernen zu ermöglichen, ist ein Ziel der Personalführung, unterstützt durch die Personalentwicklung. Es gilt dafür zu sorgen, dass die geführte Organisation sich in sinnvoller Weise der sich verändernden Umwelt anpasst, dass sie lernt, lernfähig bleibt, lernfähiger wird und, dass der Lernprozess sich auf eine angemessene Weise vollzieht (Ferrari 2007).

- **Die Nutzung der vorhandenen Potentiale**
  Ein Unternehmen ist nur so gut wie seine Mitarbeiter/innen. In Zeiten des demographischen Wandels wird das „menschliche Kapital" im Unternehmen mehr denn je zu einem Wettbewerbs- und Differenzierungsfaktor. Umso wichtiger ist es, Potenziale zu erkennen und zu nutzen. Die richtige Person am richtigen Platz zur richtigen Zeit eingesetzt, ist entscheidend für das Arbeitsergebnis und damit letztendlich für den Unternehmenserfolg am Markt.
- **Die Mitarbeiterbindung und Gewinnung**
  Der Aufbau einer Arbeitgebermarke als strategisches Langzeitprojekt in Unternehmen, bekannt unter dem Begriff Employer Branding, ist mehr als Personalmarketing und wirkt nicht nur in Richtung potentieller Bewerber. Das Ziel von Employer Branding besteht im Wesentlichen darin, aufgrund der erhofften Marketingwirkung sowohl die Effizienz der Personalrekrutierung als auch die Qualität der Bewerber dauerhaft zu steigern. Überdies sollen qualifizierte und engagierte Mitarbeiter/innen durch eine höhere Identifikation und durch den Aufbau einer emotionalen Bindung langfristig an das Unternehmen gebunden werden.

In Fachartikeln und wissenschaftlichen Artikeln wird am häufigsten die Definition der Deutschen Employer Branding Akademie von 2006 zitiert.

„Employer Branding ist die identitätsbasierte, intern wie extern wirksame Entwicklung und Positionierung eines Unternehmens als glaubwürdiger und attraktiver Arbeitgeber. Kern des Employer Brandings ist immer eine die Unternehmensmarke spezifizierende oder adaptierende Arbeitgebermarkenstrategie. Entwicklung, Umsetzung und Messung dieser Strategie zielen unmittelbar auf die nachhaltige Optimierung von Mitarbeitergewinnung, Mitarbeiterbindung, Leistungsbereitschaft und Unternehmenskultur sowie die Verbesserung des Unternehmensimages. Mittelbar steigert Employer Branding außerdem Geschäftsergebnis sowie Markenwert."

Eine langfristig erfolgreiche Arbeitgebermarke kann einzig und allein aus dem Kern der Unternehmensmarke erwachsen und muss vor allem eins sein: **Authentisch.**

Konkret heißt es, die Mitarbeiter/innen zu Markenbotschaftern zu machen und die Arbeitgeberattraktivität durch strategische Ziele, gelebte Unternehmenswerte, interne Kommunikationsstrukturen und partnerschaftliche Gestaltung der Arbeitswelt zu steigern.

Eine Umfrage von Egon Zehnder International und der Stiftung Neue Verantwortung unter High Potentials der Generation Y (sog. Digital Natives, nach 1982 Geborene) zeigt deren Motivationsfaktoren und Idealvorstellungen von Arbeitsbedingungen (Ries, Wittmann u. Wagner 2012).

Motivationsfaktoren für die Wahl des Arbeitgebers	Idealvorstellungen bezüglich der Arbeitsbedingungen
1. Freude an der Tätigkeit 2. Persönliche Weiterentwicklung 3. Sinnhaftigkeit der Arbeit 4. Monetäre Vergütung 5. Karrierechancen 6. Work-Life-Balance 7. Partizipation	• Selbstbestimmte Arbeitsweise • Teamplayer • Persönliche Kontakte • Sofortiges Feedback • Globales Netzwerk

Der Erfolgsfaktor für betriebliches Talentmanagement ist nach Steinkeller u. Czerny (2009) die Integration der vier Talentmanagement-Funktionen. Personalentwicklung muss daher beim Talentmanagement die Identifikation, Entwicklung, Nutzung /Leistungsmanagement und Erhalt/Bindung von Talenten sicherstellen.

Die Rolle als strategischer Controller

Das Controlling, das nun auch von Personalentwicklungsfachleuten erwartet wird, zielt weit über deren bisherige fachliche und methodische Qualifikation hinaus und lässt die Anforderungen an die Kompetenzen der Personalentwickler weiter steigen. Benötigt werden umfangreiche Kenntnisse in Bildungsbedarfsanalyse, im Qualifizierungsdesign und der wertschöpfenden Seminargestaltung, im quantitativen und qualitativen Bildungscontrolling sowie der Evaluation (Wunderer u. Jaritz 2007).

Die Frage, die Personalentwickler als strategische Controller beantworten müssen ist, ob die Teilnehmer durch die Qualifizierungsmaßnahmen ihre Leistungen im Sinne der Unternehmensziele messbar steigern und, welches Controllingsinstrument im Einzelfall am geeignetsten ist, um den Mehrwert und Erfolg der Personalentwicklung zu bewerten. Als Bewertungskriterien können der quantitative Nutzen, beispielsweise der erhöhte Umsatz eines Vertriebsmitarbeiters oder der qualitative Nutzen, beispielsweise beschleunigte Prozesse oder bessere Kommunikation zwischen Abteilungen, gewählt werden.

Die Evaluation von Qualifizierung ist vielschichtig, aufwendig und anspruchsvoll, da sie den für die Personalentwicklung Verantwortlichen außer der Programmerstellung auch die Verantwortung für erfolgreichen Umsetzung von Maßnahmen zuweist. Qualifizierungskonzepte, die Effekte für das Personal und die Organisation haben sollen, sind komplex. Daher erwarten Organisationen, dass die Personalentwicklungs-Fachleute bei dieser Aufgabenstellung zu kompetenten Partnern der Fachabteilungen und zu Beratern der obersten Führungsebene einer Organisation werden.

Literatur

Achouri, C.: Wenn Sie wollen, nennen Sie es Führung. Systemisches Management im 21. Jahrhundert. Offenbach, (2011).

Becker, M.: Systematische Personalentwicklung. Planung, Steuerung und Kontrolle im Funktionszyklus. Stuttgart, (2005).

Bentele, G.; Piwinger, M.; Schönborn, G. (Hrsg.): Autorität. Funktion und Wirkung von Kommunikation. In: Kommunikationsmanagement, Losebl. 2001 ff, Art.-Nr. 8.35, Köln, (2009).

Birgmayer, R.: Eine praxisnahe Einführung in Bildungscontrolling. Das Modell von Kirkpatrick und seine Erweiterungen durch Phillips und Kellner. In: Magazin erwachsenenbildung.at. Das Fachmedium für Forschung, Praxis und Diskurs. 12, Wien. Online im Internet: http://www.erwachsenenbildung.at/ magazin/11 – 12/meb11 – 12.pdf. Druck-Version: Books on Demand GmbH. Norderstedt, (2011).

Buckingham, M.; Clifton, D.: Entdecken Sie Ihre Stärken jetzt! Das Gallup-Prinzip für individuelle Entwicklung und erfolgreiche Führung. Frankfurt 3. Aufl, (2007).

Ferrari, E.: Wie wir lernen. Zeitschrift Transfer, 12 www.ferrari-beratung.com/ publikationen/index.php, (2007).

Ferrari, E.; Rühl J.: Gemeinsam (Ver)Handeln. Verhandlungsregeln und Ausgleichsprinzipien (iBooks), (2013).

v. Foerster, H.; Pörksen, B; Fischer, H.R. (Hrsg.): Wahrheit ist die Erfindung eines Lügners. Gespräche für Skeptiker. Heidelberg, (2008).

v. Glasersfeld, E.: Radikaler Konstruktivismus. Ideen, Ergebnisse, Probleme. Berlin, (1997).

Kirkpatrick, D.: Evaluating Training Programs: The Four Levels. San Francisco/ CA, 3. Aufl, (2008).

Meifert, M.T.: Strategische Personalentwicklung. Ein Programm in acht Etappen. Berlin 2. Aufl, (2010).

Radatz, S.: Beratung ohne Ratschlag. Systemisches Coaching für Führungskräfte und BeraterInnen. Wien, (2011).

Ritz, A.; Thom, N.: Talent Management. Talente identifizieren, Kompetenzen entwickeln, Leistungsträger erhalten. Wiesbaden, (2010).

Ries, S.; Wittmann, M.; Wagner, R.: Vorsicht vor Stereotypen – was die Generation Y motiviert, Wirtschaftspsychologie aktuell 3/2012, (2012).

Röhrig, P. (Hrsg.): Solution Tools. Die 60 besten, sofort einsetzbaren Workshop-Interventionen mit dem Solution Focus. Praxishandbuch Beratung. 4. Aufl., Bonn, (2012).

Simon, F.B.: Einführung in die systemische Organisationstheorie. Heidelberg, (2013).

Steinkeller, P.; Czerny, E.: Talentmanagement statt High-Potential-Management www.wirtschaftscoaching.info/cms/images/training409_talentmanagement.pdf, (2009).

Wunderer, R.; Jaritz, A.: Unternehmerisches Personalcontrolling. Evaluation und Wertschöpfung im Personalmanagement. 4. Aufl., Köln, (2007).

Diversität und Lebenszyklus. Neue Konzepte, die die Personalentwicklung verändern

Ingelore Welpe

1 Abstract

Das „Personal" an sich gibt es nicht mehr. In der Personalentwicklung wird die bisherige Auffassung von Personal als überholt aufgegeben. Die Perspektive, dass Personal eine mehr oder weniger homogene Gruppe in einer Organisation ist, wird ersetzt durch eine weitaus genauere und realistischere Wahrnehmung der Vielfalt der Menschen in der Arbeits- und der Wirtschaftswelt. Die Personalpolitik der Verschiedenheit ist der aktuelle Lösungsansatz für eine passgenaue Praxis bei der Personalrekrutierung, Personalführung und für das Personalmanagement von diversen Zielgruppen in Unternehmen. Diskriminierungs- und Vorurteilsfreiheit, Fairness und soziale Barrierefreiheit sind Kennzeichen von kultureller Kompetenz in Unternehmen. Ziel und Methode ist die personalisierte Personalentwicklung, die das Individuum in seinem beruflichen und persönlichem Lebenszyklus wahrnimmt und fördert.

2 Zielsetzung

Weil die Personalpolitik der Vielfalt neu ist, sind für die Praxis noch viele Fragen offen. Was der Vielfalt der Menschen im Kontext von Wettbewerb und spezifischer Kultur einer Organisation in der Praxis der Personalführung und in der Personalentwicklung angemessen ist und, wie die Idee des Lebenszyklus eine neue Praxis fördert, das soll der Beitrag zeigen.

3 Diversität

Die kulturelle Vielfältigkeit der Lebensformen, die Vielfalt der Menschen in Organisationen und in Unternehmen verlangen angemessene Pläne in der Personalführung und für die Personalentwicklung. Der Lösungsansatz, mit dem die Personalvielfalt, Marktvielfalt, Kundenvielfalt und Kooperationsvielfalt zu steuern, ist das Diversity Management. Es wird praktiziert als:

• Diversity of Human Resources: „Personalpolitik der Verschiedenheit" in den Organisationen der Arbeitswelt

- Diversity of markets and customers: Vielfältigkeit der Markt- und Kunden-strukturen
- Diversity of cooperations: Vielfältigkeit von standort- und länderübergreifen-den Kooperationsstrukturen, Fusionen und Netzwerken der Zusammenarbeit.

Ein Managementkonzept stellt einer Organisation spezifisches Wissen, Pläne und Instrumente für die Handhabung von Situationen und zur Zielerreichung zur Ver-fügung. Es ist ein Ordnungsmuster (Ulrich 2001,89 ff), das Führungskräften und Personalmanagern Handlungsorientierung vermittelt und es ihnen ermöglicht, ihre Funktionen verbindlich und nachvollziehbar auszuüben. Managementkonzepte verändern sich im Fluss mit gesellschaftlichen Paradigmenwechseln, durch Wett-bewerbsdruck, durch wissenschaftlichen Legitimationsdruck und durch die Auf-nahme neuer Elemente, die als zukunftsweisend betrachtet werden. Qualitativ und nachhaltig verändert werden Managementkonzepte durch solche Ideen, die orga-nisationsweite Bedeutung haben. Die langjährigen politischen Debatten und die ökonomischen Argumente für Chancengleichheit und Gleichbehandlung haben sich daher nun auch in den Organisationen durchgesetzt. Eines der wesentlichen Ergebnisse für die neue Praxis der Personalführung und des Personalmanagement neben der Frauenquote ist die Einführung von Diversity Management und von Le-benszyklusorientierung in der Personalarbeit. Das zeigt die zunehmende Anzahl von Fachkonferenzen zu Vielfalt als Perspektive in den letzten fünf Jahren und die Menge der Fachpublikationen zu diesen Themen. Allein im Jahr 2007 erschienen dazu etwa 350 Fachartikel (Süß 2009, S. 185).

Diversity setzt sich auseinander mit der Vielfalt der Kulturen, die in der Ge-sellschaft oder in Organisationen parallel existieren, berücksichtigt und behandelt Unterschiede und Gemeinsamkeiten von Individuen und Gruppen und bietet Kon-zepte an zu deren Gleichbehandlung. Die „Vielfalt des Personals" entfaltet sich primär entlang der Kerndimensionen Ethnizität, Gender, Behinderung, Alter, Re-ligion, sexuelle Orientierung und Klassenzugehörigkeit. Dazu kommen sekundäre Dimensionen wie Bildungsniveau oder Familienstand. In Organisationen und auf Arbeitsplätzen gibt es weitere vielfältige Unterscheidungsmerkmale wie Qualifi-kations- und Erfahrungsniveau oder Position und Abteilungszugehörigkeit. Auf Verhaltensebene wären es unterschiedliche Denk-, Kommunikations-oder Kon-fliktlösungsstile.

Solche Merkmalsklassen dienen der Selbst- und Fremdkategorisierung von Individuen, führen zur Gruppenbildung von Individuen mit gleichen und ähnli-chen Merkmalen und bilden stabile Gruppenidentitäten aus. Ethnizität, Gender, Behinderung, Alter, Religion, sexuelle Orientierung und Klassenzugehörigkeit lösen leicht diskriminierende Bewertungen aus mit weitreichenden sozialen

Folgen; entweder sind es positive, Inklusion und Bevorzugung, oder negative in Form von Exklusion und Benachteiligung.

Die Sensibilisierung für Vielfalt ist ein Ergebnis des starken Individualisierungstrends in heutigen Gesellschaften, der zunehmend bewussten Selbstbestimmung der Erwerbsbiographien, der Lebensstile und der Tendenz heutiger autonomer Menschen, für berufliche und persönliche Problemlagen individualisierte Lösungen zu suchen und zu fordern.

Wenn Organisationen das beste Personal wollen, dann meinen sie damit eigentlich die für die Produktivität notwendige und spezifische Kompetenzvielfalt beim Personal. Das Personalmanagement sucht daher Bewerber/innen nicht zuerst gleichstellungspolitisch und nach sichtbaren Merkmalen, „surface-level-diversity", aus, sondern nimmt die Personalauswahl nach dem Prinzip von „deep-level-diversity" vor. Hier geht es um die produktive Einstellungen und Haltungen, implizites Wissen, individuelle Erfahrungen und diejenigen spezifische Kompetenzen des Personals, die aus organisationspsychologischen, unternehmerischen und ökonomischen Anlässen gebraucht werden.

4 Phasen des Diversity Management

Das heutige Diversity Management resultiert wie das Gender Management zur Chancengleichheit für Frauen aus ökonomisch-technologischen Umbrüchen, sozialen Emanzipationsbestrebungen von Minderheiten und den mentalen Paradigmenwechseln im 20. Jahrhundert, die sich als Bürgerrechtsbewegungen, als kulturelle Pluralität und in Affirmation manifestierten. Affirmation als aktive Gleichstellungspolitik in den USA und als rechtlich verpflichtende Antidiskriminierungspraxis in Bezug auf die Kerndimensionen hat mit den frühen Affirmative Action Programmen in den Bundesadministrationen, in staatlich geförderten Unternehmen und Institutionen die Gleichbehandlung von Vielfalt befördert und konsequente Quotenregelungen für die adäquate Repräsentanz von benachteiligten Gruppen in Teilen des Arbeitsmarktes durchgesetzt.

Affirmationsprogramme, die formalbürokratisch erzwungen werden, legitimieren Personalauswahl weder unter Wertschöpfungszielen, noch garantieren sie die gewünschte Diversität in der Arbeitswelt nach dem Leistungsprinzip. Jedoch haben Affirmationsprogramme die Vorstellung gestärkt, dass respektvoller wertschätzender Umgang mit der kulturellen Vielfalt von Menschen eine Voraussetzung für sozioökonomische Transformation ist. In der Personalpolitik und im Personalmanagement haben Affirmationsprogramme mit drei Entwicklungsphasen zur Revision und Weiterentwicklung geführt. Dem Grundgedanken, Diversität des Personals zur Kenntnis zu nehmen und unterschiedliche Potentiale anzuerkennen, folgte die Erkenntnis, dass Diversität einen spezifischen Wertbeitrag erzeugt und, dass die Praxis ein eigenes Managementkonzept für Diversität erfordert. Heute gelten als Zielsetzungen des Diversity Management für die Gesamtheit des Personals eine faire Organisationskultur, diskriminierungsfreie Einstellungspraxis, vorurteilsfreie Personalbeurteilung, faire Entgeltpraxis und die zielgruppenbezogene Personalentwicklung.

Die demographischen Entwicklungen in Europa mit ihren alternden Belegschaften, die sich verändernden Bevölkerungsstrukturen, der prognostizierte Arbeitskräftemangel und die weltweite Arbeitsmigration treiben die Akzeptanz des Diversity Management voran. Konservative Denkstrukturen, die Potentiale von Frauen und anderen Gruppen nicht ausbilden und ausgebildetes Potential nicht einsetzen wollen, verlieren an Einfluss. Seit den 1990ger Jahren verändern sich auch die Argumente (Jensen-Dämmrich, 2011 S. 114 ff).

Nach dem „**Discrimination-Fairness-Approach**", der Diversity Management noch mit dem moralischen antirassistischen Anspruch auf Diskriminierungsfreiheit begründete, ist das heutige Argument für mehr Vielfalt der „**Access-and-Legitimacy-Approach**". Hier gilt die Annahme, dass Individualität und kulturelle Verschiedenheit von Personen Ressourcen sind, die interne und externe organisationale Optimierungsprozesse erleichtern, Marktpositionen stärken und die Vielfalt der Kunden und ihre unterschiedlichen Bedürfnisse berücksichtigen helfen.

Für die Personalführung und das Personalmanagement gilt der Leitsatz: **Living together in Diversity – Learning to accept our difference!** Das ist leichter geschrieben als es zu leben ist im Arbeitsalltag. Positiv gesehen ist Diversity des Personals ein erwünschter Facettenreichtum und eine Ressource zur Lösung interner und externer komplexer Probleme. Real aber führen soziographische und persönliche ähnliche Merkmale zu stereotypen Gruppenidentitäten. Merkmale veranlassen Individuen sich z.B. sich zur Gruppe der Frauen zugehörig zu fühlen, zur Gruppe der Mitarbeiter mit Migrationshintergrund oder zu der der Führungskräfte. Gruppenidentitäten erzeugen und markieren Bruchstellen „**faultlines**" in der Kommunikation und Kooperation innerhalb von Organisationen. Damit betonen Gruppen ihre Unterschiedlichkeit von anderen Gruppen, zur Abgrenzung, Selbstbehauptung und zur Selbstwertsteigerung. Gruppendenken und Gruppengefühle sind reguläre Phänomene in Organisationen, die Diversity Management wahrnehmen, bedenken, steuern und behandeln muss. Das fordert einer Organisation einen langwierigen Lernprozess und die Entwicklung einer effektiven Konfliktkommunikation ab. Mit dem „**Learning-and-Effectivity-Approach**" versucht das moderne Personalmanagement eine Kooperationskultur zu schaffen, damit heterogene Mitarbeitergruppen vorurteilfrei, verständig und wertschätzend mehr wechselseitige Akzeptanz, konstruktive Zusammenarbeit und innovative Problemlösungen entwickeln.

5 People Advantage durch Diversity Management

Unter den komplexen Wettbewerbsbedingungen um Positionen, Marktanteile und Reputation verlangen Organisationen eine Personalarbeit, die im Kontext des zukünftigen Wettbewerbsumfeld „mitarbeiterbasierte Vorteile" (BCG 2008, S. 2) schaffen kann. In Europa sind Talentmanagement und Demografiemanagement die anspruchsvollsten Arbeitsfelder, in die Personalarbeit erwartungsgemäß investieren muss. Für die dafür nötigen Veränderungen in den vier Hauptstrategien der Personalarbeit, der Beschaffungsstrategie, Performance-Strategie, Entwicklungsstrategie und Bindungsstrategie, bietet Diversity Management prinzipiell das passende Handlungskonzept. Ob, und inwieweit jedoch eine Organisation die Diversitätsperspektive einnimmt, bestimmen die bestehenden Organisationskulturen. Sie entscheiden darüber, welche Hindernisse z.b. Frauen als Minderheitengruppe für Führungskarrieren im Weg stehen können (Kaiser et al. 2012). Keine der von den Autorinnen empirisch identifizierten Organisationskulturen deutscher DAX-notierter Unternehmen ist derzeit dem Diversity-Konzept vorbehaltlos aufgeschlossen. Offene Hochleistungskulturen sind zwar flexibel, offen und extrem leistungsorientiert, damit aber nicht ohne weiteres kompatibel mit den Lebensstilen von Frauen mit Familienorientierung. Konformistische Formalkulturen sehen wegen ihrer starken informellen Verhaltensnormen in der Vielfalt keine Ressource, konservative Ausschlusskulturen sind immer noch geschlossenen Männergesellschaften und verschließen sich Diversity. Selbst veränderungsorientierte Bewahrungskulturen bleiben ambivalent gegenüber dem Nutzensargument von Vielfalt. Der Großteil der Unternehmen versteht Diversity Management zudem in der Regel als Fördermaßnahmen nur für Frauen (ebda.)

Diversity-Management steht, so gesehen, in deutschen Unternehmen und Organisationen noch am Anfang. Bevor es als durchgängiges Querschnittsziel in Personalkonzepten überhaupt begriffen und damit praktikabel wird, sind erhebliche argumentative und desensibilisierende Vorarbeiten zur Überwindung von Gruppenstereotypen zu leisten.

Das Konzept **SIM**: Social-Identity Based Impression Management (Morgan Roberts 2005, S. 685) bietet sich dafür an. Ziele von SIM sind aufklärende Selbstreflexion von negativen Einstellungen, Haltungen und der negativen Effekte von wechselseitigen Vorurteilen, Anleitung zu vorurteilsfreiem Denken und Motivierung für Aktionen zur Inklusion und Kooperation von Identitätsgruppen. SIM besteht aus folgenden drei Bausteinen:

1. Valuing und Monitoring. Es dient der Sensibilisierung für Abwertungspraktiken und Diskriminierungen „fremder" Gruppen.

2. Motivation. Erzeugt Perspektivenwechsel und positive Einstellungen zur Vielfalt und fördert die Bereitschaft zur Korrektur eigener Vorurteile.
3. Aktionen. Konkrete bedarfsbezogene Inklusionsmaßnahmen zur Entwicklung einer Diversity-Kultur.

Neben den klassischen affirmativen Maßnahmen, zu denen Quotierungen und Eingliederung benachteiligter Gruppen als Wiedergutmachung vorausgegangener Diskriminierungen gehören, gibt es Pipeline Szenarios als spezifische Karrierepfade für Frauen oder Upward Mobility Services des Personalmanagement und genderspezifische Trainings- und. Förderprogramme für Frauen zu Überwindung von gläsernen Decken beim Aufstieg in obere Managementebenen.

Im Diversity Management geht es nicht um Einzelprogramme für Frauen, sondern um Veränderung der monokulturellen Organisationskultur durch Abbau von Stereotypen, Reduktion von Homogenisierungstendenzen auf den Führungsebenen und bei der Auswahl von scheinbar „unpassenden" Bewerbern. Qualifiziertes Diversity Management beginnt mit der Selbstverpflichtung der Organisation auf eine Personalpolitik der Vielfalt. Die Überprüfung von Exklusionsprozessen im Personalmanagement wird befördert durch Sensibilisierung von Arbeitsteams zur Beseitigung von Indifferenz, gestärkt durch Professionalisierung der Führungskräfte für zeitgemäßen Umgang mit kultureller Vielfalt und wird unternehmensintern begleitet und bekräftigt mit öffentlichen Dialogen über den Wert von Diversity. Organisationen mit Diversity-Kompetenz erkennt man daran, dass sie

* Potentiale und Kompetenzunterschiede des Personals kennen, nutzen und schätzen,
* pluralistisch sind, dass Konfliktpotential zwischen ihren Kulturen gering ist und Kulturen-Stress bewältigt wird,
* Minderheitengruppen gut integriert sind in die informellen Netzwerke,
* HRM-System und HRM-Praktiken (Human Ressourcen Management) diskriminierungsfrei sind und
* für die Implementierung 1. analytische Instrumente z.B. (Checklisten, differenzierte Statistiken), 2. Bildungsinstrumente (Gendertrainings, Sensibilisierung von MA-Gruppen, Kompetenz-Schulungen) und 3. konsultative Instrumente (Steuerungsgruppen, Multiplikatoren, Experten-Beratung) eingesetzt werden.

Auf dem „Equity Kontinuum" (Wilson 1996) und anhand der Argumente, mit denen Organisationen für Vielfalt plädieren oder praktizieren, lässt sich beurteilen, wie nachhaltig und weitreichend eine Organisation eine Kultur der Vielfalt praktiziert. Wenn Vielfalt nur aus Gründen der Compliance, wegen rechtlicher Vorschriften und aus politischen oder rein ökonomischen Überzeugungen akzeptiert wird, dann ist die Kultur der Vielfalt noch nicht ausgereift. Erst, wenn Diversität unhinterfragter integraler Bestandteil einer gruppenbezogenen Personalpolitik geworden ist, dann steht die Organisation vor dem Zielpunkt auf dem „Equity Kontinuum". Die Organisation ist damit vorbereitet auf die kommenden gesellschaftlichen Entwicklungen weit über 2020 hinaus, die auf „Human Equity" des Individuums zielen.

6 „Graue Belegschaften". Eine Zielgruppe für Diversity Management

Mit der demographischen Entwicklung, die zu „grauen Belegschaften" in den europäischen Industrieländern führt, gibt es drei Risiken für Unternehmen. Der Verlust der Beschäftigungsfähigkeit, der Produktivität und der Gesundheit der älteren Mitarbeiter, der Verlust von „altem Humankapital", dem Erfahrungswissen und speziellem Kompetenzen, wenn Beschäftigte in den Ruhestand gehen und die Beibehaltung des Defizitmodells, das undifferenziert unterstellt, dass Leistungsvermögen, Belastbarkeit Flexibilität und Mobilitätsbereitschaft negativ mit dem Lebensalter korrelieren.

Nach dem Demografiebericht der Bundesregierung ist zu erwarten, dass bis 2030 etwa 6.3 Millionen Beschäftigte in den Ruhestand eintreten und den Arbeitsmarkt verlassen. Das sind etwa zweimal so viel Ältere wie Junge eintreten (BMAS 2012). Die Altersstruktur des Personals verändert sich signifikant, denn in Zehnjahresfrist wird die Gruppe der 50- bis 64jährigen die größte Mitarbeitergruppe sein (ebda.). Für das kommende Problem des Fachkräftemangels und gegen mögliche altersbedingte Produktivitätsverluste von Mitarbeitern ist eine vielversprechende Lösung, ältere Mitarbeiter arbeitsfähig, länger im Arbeitsmarkt und gesund berufstätig zu halten. Dazu bedarf es eines altersgerechten Personalmanagement und einer alterssensiblen Personalführung.

7 Alter. Vom Defizitmodel zum Potentialmodell

Im Diversity Management ist die Personalentwicklung für ältere Mitarbeiter ein wichtiger Baustein. Für ein altersgerechtes Personalmanagement und eine alterssensible Personalführung ist ein Paradigmenwechsel nötig, mit dem das Defizitmodell zur abnehmenden Leistungsfähigkeit mit höherem Lebensalter aufgegeben wird. Die Literatur zur Alterforschung und Entwicklungspsychologie des 4. Lebensalters (Baltes u. Baltes 1980) zu kognitiven Stärken, Potentialen, altersgemäßen Lernstilen und zur Veränderung der Arbeitsmotivation über die gesamte Lebensspanne gehört zur Pflichtlektüre beim Umgang mit älteren Beschäftigten. Die Ergebnisse haben das bisher beste Modell für das Verständnis von den Veränderungen in Fähigkeits- und Leistungsprofilen älterer Mitarbeiter geliefert. Es ist geeignet, weitverbreitete stereotype Vorurteile zu den Auswirkungen des Alters zu revidieren. Die Annahme, dass jüngere und Menschen im mittleren Lebensalter bis 45 Jahre leistungsfähiger sind als diejenigen jenseits von 50, ist unzutreffend. Diese Annahme betrachtet Leistungsvermögen verkürzt als ein Ergebnis körperlicher und sensorischer Fitness, setzt physische Leistungsverluste mit motivationalen und mentalen Verlusten unzulässig gleich und verallgemeinert individuelle Prozesse als gültig für alle Menschen „50 plus". Das Munich Center for Economics of Aging stellt als Ergebnis mehrjähriger Datensammlungen und empirischer Produktivitätsmessungen an älteren Industriearbeitern aus der Sicht des Defizitmodells überraschend fest, dass deren Produktivität nicht nachlässt (Weiss 2013) und, dass sich bei wissensintensiven Unternehmungen dieser Effekt möglicherweise noch deutlicher zeigt.

Sachstand ist, dass es keine generalisierbaren Effekte des Alters auf die Leistungsvariablen gibt, sondern, dass sich Leistungsfähigkeit über die Lebensspanne hinweg individuell entwickelt und es daher **innerhalb** einer Altersgruppe größere Unterschiede gibt als zwischen den Altersgruppen selbst. Die menschlichen Lern- und Gedächtnisleistungen und die Informationsverarbeitung sind, gemessen mit kognitiven Verfahren, nicht altersabhängig, sondern bildungsabhängig (Rast 2013). Bei altersgruppenspezifischen Leistungsunterschieden handelt es sich nicht um eine allgemeine Leistungsverringerung, weil funktionelle, physische und sensumotorische Alterungsprozesse durch Erfahrung, Präzision, Ersatzstrategien und Hilfsmittel kompensiert werden. Mit dem Alter erfolgen damit lediglich Umschichtungen innerhalb des persönlichen Fähigkeits- und Leistungsprofils.

Solche gerontologischen Forschungsergebnisse werden genutzt, um den Arbeitseinsatz, die Aufgabenzuweisung und geeignete Tätigkeiten für ältere MA zu besser zu beurteilen. Der Four-Category-Ansatz (Warr et al.1994) befasst sich mit der Frage, welche Aufgaben bei Verlust funktionaler Fähigkeiten nicht mehr übernommen werden können und, bei welchen es Leistungserhalt und sogar Steigerungen durch Erfahrung gibt. Für eine altersgerechte Aufgabenzuweisung können so vier Aufgabenkategorien definiert werden.

Für Aufgaben der **Kategorie A** sind Alter und Erfahrung Leistungsvorteile, weil es einen positiven Zusammenhang zwischen Erfahrung & Leistungsvermögen gibt.

Es gibt zudem Leistungen, die altersunabhängig erbracht werden können; solche Aufgaben gehören in die **Kategorie B**.

Aufgaben, bei denen altersbedingte Leistungsverluste durch Erfahrung vollständig kompensiert werden können, zählen zur **Kategorie C**.

Schließlich bleiben Aufgaben, für die Leistungsverluste durch Erfahrung nicht mehr kompensierbar sind, in der **Kategorie D**.

Mit diesem Modell kann das Personalmanagement eine bessere Aufgabenzuweisung vornehmen. Für weitergehende personalwirtschaftliche Maßnahmen und für die Personalentwicklung älterer Mitarbeiter reichen jedoch Einzelaktivitäten nicht. Will man die Ziele des Age Management erreichen, sind eine altersorientierte Personalstrategie und ein Kombinationsprogramm nötig.

Ziel 1: Die nachhaltige Integration älterer Mitarbeiter in die Wertschöpfungsprozesse.

Ziel 2: Der Erhalt und Förderung der Leistungsfähigkeit und -bereitschaft unabhängig vom Alter von Mitarbeitern.

Ziel 3: Die Förderung des generationsübergreifenden Wissens- und Erfahrungsaustausch.

Ziel 4: Die Veränderung der Unternehmenskultur nach der Leitlinie „Nicht die Jüngsten, aber die Besten!"

Damit könne Beschäftigungsfähigkeit und Arbeitsfähigkeit der älteren Mitarbeiter erhalten werden. Arbeitsfähigkeit ist definiert als die Summe der Einflußfaktoren, die Personen befähigen, Arbeitsaufgaben erfolgreich zu bewältigen (Illmarinen 2006, S. 132 ff). Der quantifizierte WORK ABILITY Index (WAI) (ebda., S. 136 ff.), der Arbeitsbewältigungsindex (www.arbeitsfähigkeit.net, 2012), resultiert aus Interviews von befragten Mitarbeitern zum Verlauf ihrer Arbeitsfähigkeit während ihrer Erwerbstätigkeit. Die Ergebnisse zeigen, dass die Arbeitsfähigkeit länger und besser erhalten wird, wenn die betriebliche Personalarbeit mitarbeiterbezogen altersgerecht ist (Tuomi u. Illmarinen 1999, S. 230 f) und, dass sie sich individuell verhaltensbezogen längerfristig sogar steigern lässt.

Leistungsfähigkeit ist determiniert von Arbeitsaufgaben, Arbeitsbedingungen, Qualifikation, Einstellungen, Organisationskultur und guter Führung. Für ein Praxisprogramm ergeben sich daraus fünf Handlungsfelder:

1. Altersdifferenzierte Personalbeschaffung und Herstellung eines Generationen-Mix, „Greenhorn-Gemeinschaft", die konsequent für eine gemischte Altersstruktur des Personals und in Arbeitsteams sorgt.
2. Lebensphasenbezogene Personalentwicklung, hier als eigene Senior-Ausbildung analog zur Erstausbildung im Betrieb. Für die notendige Professionalisierung der Personalentwickler bietet sich z.B. eine Ausbildung zum „Demographieberater" an, wie sie das Land Nordrhein – Westfalen als Crash-Kurs für Personalmanager von kleinen Unternehmen anbietet.
3. Generationsübergreifender Wissenstransfer in Form von betrieblichen Know-How-Tandems, Revers-Mentoring, bei dem Jüngere Ältere beraten oder durch

Senior-Expert Beratung ehemaliger Mitarbeiter, die ihr Produktwissen und Qualitäts-Know-How nach Bedarf und definierten Rahmenbedingungen an junge Kollegen weitergeben.

4. Alterssensible gute Führung, die gesund erhält und die das Leistungsvermögen und die Expertise älterer Mitarbeiter realistisch und vorurteilsfrei beurteilt, Kooperation praktiziert, Arbeitseinsatz, Arbeitsorganisation und Arbeitszeitgestaltung individualisiert und den Dialog zwischen Alten und Jungen befördert.

5. Maßnahmen für Fitness, altersgerechte Ergonomie und Gesundheit nach dem Qualitätsmodell der European Fundation for Quality Management (EFQM) (BKK-Bundesverband (2005).

Unter dem Paradigma Diversity Management und mit den neuen Fakten wird über das Alter vorurteilsfreier gedacht. Ältere Mitarbeiter werden von Problemfällen zu Hoffnungsträgern, deren Erfahrung sich betriebswirtschaftlich rechnet und die man daher im Beruf halten will. Das kommt den 47% der persönlich fitten Mitarbeiter entgegen, die nach dem Renteneintritt bereit sind, weiter beschäftigt zu werden, vor allem deshalb, damit sie ihre Erfahrungen und ihr Wissen weitergeben können (BIB 2010).

8 Lebenszyklus, ein Weg zur personalisierten Personalentwicklung

Die Forschungen zur Entwicklungspsychologie der Lebensspanne (Baltes u. Baltes 1980) haben die wissenschaftlichen Grundlagen geliefert für eine neue Sicht der menschlichen Entwicklung zwischen Lebensbeginn und Lebensende. Die Entwicklung einer Person geschieht durch Konfrontation mit inneren und äußeren Einflußfaktoren und wird sichtbar als Veränderung des Selbstkonzepts, des Wissens, Verhaltens, der Einstellungen, Kompetenzen und der Bedürfnisse. Neue kognitive und persönliche Strukturen, differenzierte Wissenssysteme und Verhaltensinnovationen bilden sich von der Jugend bis ins hohe Alter aus. Menschliche Entwicklung hat nach Baltes u. Baltes (1980) folgende universelle Merkmale:

• Entwicklung geschieht lebenslang, ist ein dynamisches Wachstum und ein Produkt aus Gewinnen und Verlusten. Im Verlauf der Lebensspanne gelingt dem Individuum die Optimierung und Anpassung an persönliche und berufliche Erfordernisse durch die Strategie der Selektion. Wissen, Ressourcen und Motivation werden spezifisch entwickelt und genutzt und sowohl mittels der

Optimierung von Erfahrung, Strategien und Kompetenzen als auch durch Ersatz und Kompensation von verlorengegangenen Kapazitäten angepasst.

- Entwicklung verläuft multidirektional. Verhaltensbereiche einer Person, wie z.B. Intelligenz oder die Emotionssysteme entwickeln sich sowohl gleichzeitig als auch zu unterschiedlichen Zeitpunkten divergent, mit unterschiedlichem Tempo und Differenzierungsgrad und wechselnder Entwicklungsrichtung (Wachstum vs. Abbau).
- Individuelle Entwicklung ist plastisch und variiert innerhalb einer Person in Abhängigkeit von deren Lebenserfahrungen und ihrer Lebensführung .
- Wesentlichen Einfluss auf die individuelle Entwicklung haben soziokulturelle Bedingungen, der Zeitgeist und endogene biopsychische Faktoren.

Inwieweit es alterskorrelierte Grenzen kognitiver Entwicklungen und des Lernvermögens gibt lässt sich mit der Methode „Testing the Limits" (Kliegl u. Baltes 1987) prüfen. Dabei wird das Leistungsniveau, das eine Person ohne Intervention und Training bei einer Aufgabe erreicht, als Ausgangsleistung definiert. Die oberste Leistungsgrenze, die unter bestimmten Bedingungen und nach Aktivierung aller Ressourcen erbracht wird, wird als Ausgangskapazitätsreserve bezeichnet und als maximale Leistung der Person betrachtet. Entwicklungskapazitätsreserve ist dann gegeben, wenn sich die Ausgangsleistung durch Entwicklungsmaßnahmen verbessern lässt.

Diese Erkenntnisse liegen einem Personalmanagement zugrunde, dass den Lebenszyklus der Mitarbeiter (LPM) berücksichtigt und bedenkt, dass Menschen sich im Lebenslauf biologisch, psychologisch oder kulturell in unterschiedlichen Lebenszyklen befinden.

Zyklusmodelle (Graf 2011) definieren den **beruflichen Lebenszyklus** als Zeitspanne von der Berufswahl bis zum Austritt aus dem Berufsleben, den **betrieblichen Lebenszyklus** vom Eintritt in bis zum Ausscheiden aus einer Organisation, den **stellenbezogenen Lebenszyklus** vom Antritt einer bestimmten Stelle bis zum Stellenwechsel oder Austritt aus Organisation, den **familiären Lebenszyklus**, von der Gründung einer Familie mit Kindererziehung bis zur Pflege von Angehörigen, den **biopsychischen** Lebenszyklus, als Entwicklung und Veränderung von Potenzialen in unterschiedlichen Lebensaltersabschnitten.

Quantitative und qualitative Veränderungen begleiten diese Lebenszyklen gesetzmäßig im Sinne von Wachstum und Reifung, Differenzierung von Bedürfnissen und Motivstrukturen, Veränderung von Strukturen der Persönlichkeit und der Werteorientierung. Wenn Lebenszyklen wechseln, beginnen oder enden, wird das häufig als ein kritisches Lebensereignis erlebt, unter denen sich Lebenspläne und berufliche Zielsetzungen ändern.

Die Investitionen in Personalentwicklung wurden bisher überwiegend für Mitarbeitergruppen mit Karrierezielen, Führungspotentialen und für Spitzenkräfte vorgesehen. Die demographische Entwicklung und Vielfalt von Lebenslagen veranlassen jedoch das Personalentwicklung zunehmend auch für den übrigen Teil der Mitarbeiterschaft angemessene Personalentwicklungs- und Fördermaßnahmen zu konzipieren und zu realisieren. Die Orientierung am betrieblichen Lebenszyklus der Mitarbeiterschaft und die Entwicklung und Förderung sämtlicher Mitarbeiter/ innen für die Dauer der Betriebszugehörigkeit rückt nun personalstrategisch in den Fokus. Besondere öffentliche Aufmerksamkeit gilt der Frage, wie Organisationen und Beschäftigte die Vereinbarkeit von Beruf mit Familienpflichten und dem privaten Leben lösen können. Zwei Forderungen werden gestellt, zu deren Erfüllung die Lösungen kompatibel sein müssen. Seitens der Beschäftigten sind Arbeitszeiten und Lebensarbeitszeit insgesamt an individuelle Lebensphasen anzupassen. Seitens der Organisationen gilt es, die Wertschöpfungs- und Produktionsprozesse auch bei weitreichenden Flexibilisierungsmaßnahmen sicher zustellen.

Der LPM – Ansatz berücksichtigt bei bildungsbezogenen und übrigen Fördermaßnahmen biosoziale und familiäre Lebenslagen von Mitarbeitergruppen, um deren Leistungsfähigkeit, Leistungsbereitschaft und die Mitarbeiterbindung zu erhalten. Besondere Beachtung gibt LPM denjenigen Parametern der biosozialen, familiären und privaten Lebenszyklen, die stellen- und karrierebezogen relevant sind. So werden während familiärer Lebensphasen für die Vereinbarkeit von Beruf und Familie heute regulär PE-Maßnahmen für individualisierte Arbeitsorganisation und Arbeitszeitflexibilisierung vorgesehen. Für Mitarbeitergruppen im mittleren Lebensalter, die sich beruflich in der Reife-, Stagnations-oder Sättigungsphase befinden und die daher einen hohen Weiterentwicklungsbedarf haben, gibt es vor allem Maßnahmen zur Stärkung ihrer Arbeitszufriedenheit. Zur Reduktion ihrer Lerndistanz werden neue Tätigkeitsbereiche und Möglichkeiten für informelles Lernen durch Veranstaltungen zur Standortbestimmung entwickelt. Junge karriereorientierte Leistungseliten, die sich in der beruflichen Wachstumsphase befinden und daher starke Fluktuationstendenzen zeigen, werden mit speziellen Anreizsystemen und transparenten Karriereplänen gebunden .

LPM will in den Triple R-Bereichen, Recruitment – Retention – Retirement (Flüter-Hofmann 2010) für die optimale Förderung der Leistungsfähigkeit während der einzelnen Lebenszyklen sorgen. Was die Personalentwicklung in der Praxis dafür vorsehen muss, kann mit dem lebenszyklusorientiertes Potential-Diagnoseinstrument für Personal analysiert werden. Es ermöglicht es, stellenbezogene Entwicklungsmaßnahmen für Mitarbeiter aller beruflichen Phasen bedarfsgemäß zuzuordnen (Graf 2001, S. 29).

Das Lebenszykluskonzept ist ein Schritt zur personalisierten und zur individualisierten Personalentwicklung. Der Lebenslauf, die Biographie und die Kernmerkmale von Diversität werden 2020 weiter in den Fokus des Personalentwicklung rücken. Die Einzelfallorientierung wird zunehmen und Personalentwicklung zukünftig präzisier, inhaltlich und methodisch anspruchsvoller und für das Individuum auch effektiver machen. Die Personalentwicklung tritt damit zugleich selbst ein in eine weitere Phase ihres eigenen professionellen Entwicklungszyklus auf ihrem Weg zum Wertschöpfungs-Center ihrer Organisation.

Literatur

Baltes, P.B.; Baltes, M.M.: Plasticity and variability in psychological aging. Methodological and theoretical issues. In: Gurski, E. (Ed.) Determining the effects of aging on the central nervous system. S. 41 – 66, Berlin, (1980).

BIB Bundesinstitut für Bevölkerungsforschung: Weiterbeschäftigung im Rentenalter. Wünsche, Bedingungen, Möglichkeiten. Berlin, (2010).

Bundesministerium für Arbeit und Soziales (BMAS): Demografiebericht der Bundesregierung, Fortschrittsreport Altersgerechte Arbeitswelt. Berlin, (2012).

BKK-Bundesverband (Hrsg.): Gesundheitsreport 2005. Essen, (2005).

Flüter-Hoffmann, C.: Lebenszyklusorientierte Personalentwicklung. Institut der Deutschen Wirtschaft. Köln, (2010).

Graf, A.: Lebenszyklusorientierte Personalentwicklung. In: Management, Nr.3, S. 29, (2001).

Graf, A.: Lebenszyklusorientierte PE als Ausgangspunkt für den Erhalt der Arbeitsmarktfähigkeit. In: Seyfried, B.(Hrsg.): Ältere Beschäftigte: Zu jung, um alt zu sein. Konzepte-Forschungsergebnisse-Instrumente, Bundesinstitut für Berufsbildung BIBB, 2011, S. 93 – 105. Bonn, (2011).

Illmarinen, J.: Towards a longer work life. Helsinki, (2006).

Jensen-Dämmrich, K.: Diversity Management. Ein Ansatz zur Gleichbehandlung von Menschen im Spannungsfeld zwischen Globalisierung und Rationalisierung? S. 114 – 126. München und Mering, (2011).

Kaiser, S.; Hochfeld, K.; Gertje, E.; Schraudter,M.: Unternehmenskulturen verändern-Karrierebrüche vermeiden. S. 43 – 53. Stuttgart, (2012).

Kliegl, R.; Baltes, P. B: Theory-guided analysis of development and aging mechanisms through testing the limits and research of expertise. In: Scholer, C.; Schaie, K.W.(Eds.):Cognitive functioning and social structure over the life course. S. 95 – 119. Norwood, NJ, Ablex, (1987).

Rast, P.: Schnelles Lernen auch im hohen Alter. In: Personalführung.1, S. 55, (2013).

Morgan Roberts, L.: Social-Identity-Based-Impression-Management. In: The Academy of Management Review, Vol. 30,4, S. 685 – 711. (2005).

Süß, S.: Die Institutionalisierung von Managementkonzepten. Diversity-Management. Deutschland. S. 185. München, (2009).

Tuomi, K.; Illmarinen, J.: Work, lifestyle, health and work ability among aging municipal workers in 1981 – 1992. In: Louhevaara (Hg.): FinnAge – respect for the aging: action programme to promote health, workability and well-being of aging workers in 1990 – 96. Finnish Institute of Occupational Health. Helsinki, S. 220 – 232, (1999).

Wilson, T.: Diversity of Work. The Business Case for equity. Toronto, (1996).

Warr, P.; Triandis, H.C.; Dunette, M.P.; Hough, L.M.; (Eds.): Handbook of industrial and organizational psychology.Vol.4, Palo Alto, (1994).

www.arbeitsfähigkeit.net.Stand 2012

Weiss, M.: Erfahrung kompensiert nachlassende Fähigkeiten. Optimistische Befunde aus der Altersforschung. In: Personalführung 1, S. 57 – 58, (2013).

Genderkompetenz. Eine Metakompetenz für Personalführung als Leadership. Talentmanagement, Führung, Auswahl, Beurteilung und Quotierung als Handlungsfelder

Ingelore Welpe

1 Abstract

Unter dem Einfluss der wirtschaftlichen und gesellschaftlichen Trends verändern Organisationen ihre Anforderungen an die sozialen Kompetenzen für Führungskräfte und fordern im Personalmanagement eine veränderte soziale Praxis. Genderkompetenz ist als spezifisches Wissen und Können eine eigenständige Fachkompetenz innerhalb der sozialen Kompetenz und qualifiziert für geschlechtsspezifische Führung und das geschlechterbezogene Personalmanagement in Organisationen. Weil der Differenzierungsgrad und die Effektivität sehr viel weitgehender sind als allgemeine soziale Kompetenzen und in allen Instrumenten des Personalführung zur Anwendung kommen, kann Genderkompetenz als eine Metakompetenz im neuen Verständnis von Führung als Leadership betrachtet werden. Für Personalführung von Frauen und Männern werden die Organisationen bei den aktuellen und prognostizierten Entwicklungen bis 2030 wie female shift, leadership und Quotierungen auf Genderkompetenz als eine innovative soziale Praxis im Personalmanagement setzen.

2 Zielsetzung

Ist Gender Kompetenz eine eigenständige neue Schlüsselqualifikation neben den bisherigen drei klassischen Schlüsselkompetenzen, Sozialkompetenz, Führungskompetenz und Methodenkompetenz, die als Pflichtmodule in Entwicklungsprogrammen für Führungskräfte fest etabliert sind? In welchen aktuellen Handlungsfeldern verbessert Genderkompetenz das Personalmanagement? Was ist eine genderkompetente Personalführung? Der Beitrag zeigt an vier Fallbeispielen positive Effekte der gender kompetenten Personalführung.

3 Ist Gender-Kompetenz eine neue Schlüsselqualifikation?

Im Frühjahr 1994 fand am Comer See eine Fachkonferenz mit zwölf europäischen Ländern zum Thema Qualitätsmanagement statt. Die Teilnehmer diskutierten den Zusammenhang zwischen unternehmensweiter Qualität, Leistungssteigerung, Chancengleichheit, Selbstregulation und Selbstorganisation des Personals. Eine wesentliche Erkenntnis der damaligen Konferenzteilnehmer war, dass die Qualitätsoffensiven in Unternehmen effizienter, ökonomischer und wirksamer sind, wenn die Total-Quality-Ansätze mit dem E-Quality-Management, das auf Gleichberechtigung für Frauen und Männer setzt und Chancengleichheit für Frauen beim Zugang zu Positionen und in oberen Verantwortungsebenen will, verbunden werden. Die Erkenntnisse von damals sind die Anforderungen von heute. Vom Personalmanagement und der Personalführung wird Genderkompetenz gefordert.

Bereits aus der englischen Kakabadse-Studie (Bowman u. Kakabadse 1997), in der 6500 Führungskräfte aus zwölf europäischen Ländern einschließlich 550 Spitzenmanagern und 750 Spitzenbeamten aus Wirtschaft und Verwaltung über ihre Anforderungen an Personalführung der Zukunft diskutierten, ergaben sich folgende Erkenntnisse:

Führungskräfte und Personalmanager können sich für ihre Praxis nicht mehr, wie es bisher die traditionelle Managementliteratur beschrieb und empfahl, von überholten Annahmen leiten lassen, die noch aus den Phasen der Industrialisierung stammen, in der sich erste große und komplexe Organisationen herausbildeten, um die eigenen Wirkungs- und Wirtschaftsbereiche zu erweitern. In dieser Zeit entstanden auch die ersten Managementkonzepte für Organisationen und für die Personalführung. Diese sprachen zeitgemäß ganz allgemein von Menschenführung, schlossen Frauen aus der Arbeitswelt aus und damit auch die Ideen über die Relevanz der Heterogenität des Personals.

Die Erkenntnis, dass es keinen Prototyp Mitarbeiter gibt, dass das Stereotyp des männlichen Mitarbeiters untauglich ist für die Beurteilung von Personal und, dass es keinen für das Personal generell tauglichen Führungsstil gibt, hat sich nicht zuletzt durch die Diskussionen über Chancengleichheit durchgesetzt. Die Auswirkungen des Denkfehlers, dass Geschlechtszugehörigkeit, Geschlechterrollen und sonstige unterschiedliche Merkmale des Personals unbedeutend sind, sind jedoch bis heute in der Praxis des Personalmanagement und in der Personalführung beobachtbar.

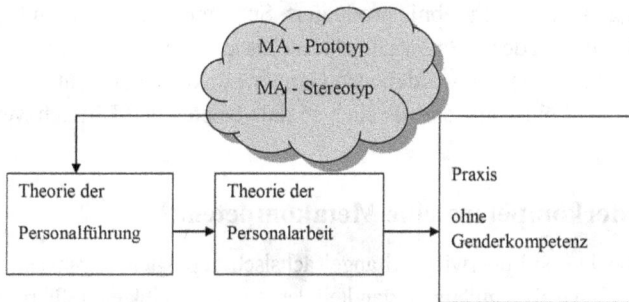

Abb. 1: Denkfehler und Wissensdefizite führen zu Praxis ohne Genderkompetenz

Heute ist das *„missing link gender"* in Organisationen formal eingeführt und akzeptiert. Das Personalmanagement fasst die Genderfrage jedoch personalpolitisch und personalwirtschaftlich überwiegend als Frauenfrage auf. Daher befasst es sich hauptsächlich mit quantitativen Aspekten und damit, wie mehr Frauen in Managementpositionen und in höchste Entscheidungsgremien, wie Aufsichtsräte und Vorstände aufsteigen können.

Diese in ihrer Wirkung beschränkten quantitativen Ansätze führen weder im Personalmanagement, noch in der Personalführung zu dem nötigen qualitativem Zuwachs an Genderkompetenz, wie es die Ergebnisse der Genderforschung heute schon ermöglichen.

Genderkompetenz der Führungskräfte ist deshalb relevant, weil damit die Produktivität der männlichen und weiblichen Mitglieder optimiert wird, die Organisation deren Leistungspotentiale ausschöpfen kann, ihre Zufriedenheit sicherstellt, es den männlichen und weiblichen Mitglieder ermöglicht, vorurteilsfrei zu kooperieren und durch Arbeitsteilung und Spezialisierung ihre gemeinsame und persönliche Produktivität zu steigern. Damit wird mehr exzellente Wertschöpfung möglich. Exzellenz in der Personalführung entsteht in Zusammenhang mit innovativen Ansätzen. Personal unter der Genderperspektive differenziert zu führen, ist ein innovativer Denk- und Praxisansatz und signifikant für ein wirksameres Personalmanagement.

Denn, institutionstheoretisch betrachtet, sind für die ökonomischen Erträge einer Organisation reibungslose Prozesse ausschlaggebend. Die Beurteilung eines ökonomischen Ergebnisses ist die Effizienz der Ressourcenallokation (vgl. Picot, Dietl u. Franck, 1997). Die Organisationseffizienz durch die internen Prozesse der Wertschöpfung wird dann erreicht, wenn die Organisation mit den geringsten

Kosten das gewünschte Ergebnis produziert. Setzt eine Organisation bspw. weib-liche Mitglieder und deren Potentiale als Ressource für verfügbare Positionen und Aufgaben nicht richtig ein, werden also Genderaspekte außer Acht gelassen, dann entstehen sowohl ökonomische als auch soziale Kosten und Effizienzverluste.

4 Ist Genderkompetenz eine Metakompetenz?

In internationalen und überwiegend angelsächsisch geprägten Organisationen ist die Genderperspektive als regulärer Bestandteil der Personalpolitik eingeführt. In außereu-ropäischen Ländern und kulturell sehr diversen Ländern bspw. wie den USA oder wie Südafrika gehören Gender- und Diversitätskompetenz zudem explizit in das Anforde-rungsprofil von Personalmanagern und Führungskräften. Die Geschlechtszugehörig-keit ist weltweit in allen Kulturen und in jeglicher Wirtschaftsform die *trennschärfste* Personalkategorie, da Bedürfnisse, Potentiale, Präferenzen und Expertise nach wie vor kulturell von Sex und Gender bestimmt und ausgebildet werden. Mit der Geschlechts-zugehörigkeit gehen auch erhebliche Unterschiede in privaten und beruflichen Lebens-lagen einher und beeinflussen die Chancen für Entwicklung und Karrieren in der Arbeitswelt. In Deutschland wird unter dem weltweitem Wettbewerbsdruck und wegen der demographisch bedingten Personalknappheit heterogenes Personal internationaler Herkunft dringend gesucht. In den 2020ger Jahren wird in deutschen Organisationen Genderkompetenz Voraussetzung für Führungspositionen sein.

In der Personalentwicklung werden dann auch die Fach- und Methodenkom-petenz, die persönliche Kompetenz und soziale Kompetenz für Führungskräfte inhaltlich neu definiert werden.

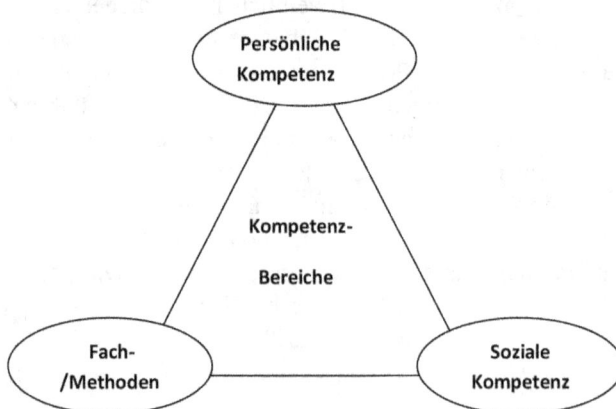

Abb. 2: Teilkompetenzen (undifferenziert) für Personalführung und Führungskräfte

Generelle soziale Kompetenzen, wie menschliches Einfühlungsvermögen oder gute Kommunikationsfähigkeit sind zu unspezifisch für die Unterschiedlichkeit des Personals. Da Individuen sich als weibliche oder männliche Person vor ihrem biographischen und kulturellen Hintergrund definieren, erwarten sie, entsprechend geführt zu werden. These 1 (vgl.Abb.3) geht daher unzutreffend davon aus, dass alle Personen gleich zu führen sind und dafür generelle soziale Kompetenzen ausreichen. These 2 berücksichtigt die Unterschiedlichkeit von Personen und fordert um kulturspezifische Aspekte erweiterte soziale Kompetenzen. These 3 berücksichtigt, dass Sex und Gender die größten sozialen und mentalen Unterschiede zwischen Personen hervorrufen und soziale Kompetenz deshalb genderspezifisch ausdifferenziert sein muss.

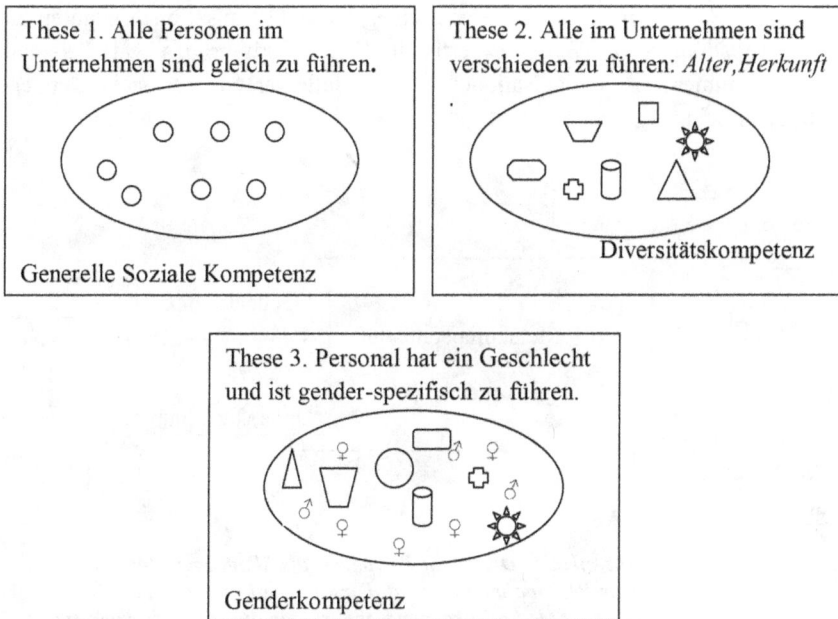

These 1. Alle Personen im Unternehmen sind gleich zu führen.

Generelle Soziale Kompetenz

These 2. Alle im Unternehmen sind verschieden zu führen: *Alter,Herkunft*

Diversitätskompetenz

These 3. Personal hat ein Geschlecht und ist gender-spezifisch zu führen.

Genderkompetenz

Abb. 3: Unterschiede zwischen genereller Sozialkompetenz, Diversität-Kompetenz und Genderkompetenz

Personal als „geschlechtsneutral" zu sehen, zu führen und zu managen entspricht sachlich und fachlich nicht mehr dem Sachstand, dem Bedarf und den Möglichkeiten. Für die Personalführung der zwei biologisch und kulturell so unterschiedlichen und auch größten Identitätsgruppen, wie Männer und Frauen, sind in jeder einzelnen Phase der Wertschöpfungskette Personal Genderwissen und

Genderkompetenz gefragt. Es ist die zusätzliche Expertise, die die bisher üblichen Kataloge für die drei klassischen Kompetenzbereiche inhaltlich, methodisch
und praktisch verändert. Wegen des inhaltlichen Umfangs der Veränderungen,
die daraus für die Personalstrategie einer Organisation resultieren und wegen
der Auswirkungen auf die Praxis des Personalentwicklung, lässt sich begründen,
dass Genderkompetenz inklusiv Diversity als eigener Kompetenzbereich im Personalmanagement geführt wird. In großen Wirtschaftsunternehmen und einigen
deutschen DAX-notierten Konzernen, wie z.B. Dt. Telekom oder Lufthansa
sind bereits eigene Abteilungen für Gleichstellung und Diversity Management
etabliert. Die renommierten deutschen Forschungsinstitutionen wie die Fraunhofer Gesellschaft und die Exzellenzuniversitäten, wie z.B. TU München oder TU
Aachen haben Genderexpertinnen in Genderzentren (vgl. RWTH 2012) für ein
exzellentes Personalmanagement eingerichtet. Diese Organisationen gehören zu
den „early adopters"von Genderexpertise im Wettbewerb um das beste Personal
bis 2020. Immer mehr Organisationen werden „followers" in der Sache Genderkompetenz sein.

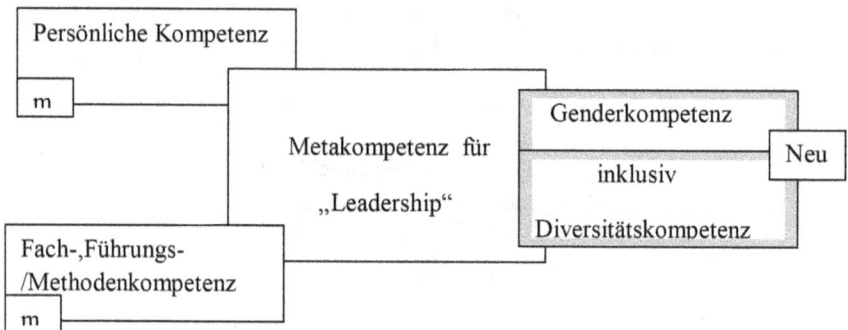

*Abb. 4: Genderkompetenz inklusiv Diversitätskompetenz als Metakompetenz der
sozialen Praxis im Personalmanagement. Persönliche Kompetenz, sowie
Fach-, Führungs- und Methodenkompetenzen werden durch Genderkompetenz
modifiziert (m)*

5 Welche Handlungsfelder erfordern Genderkompetenz?

Für Praxis der Personalführung und des Personalmanagement ist Genderkompetenz in einer Reihe von Handlungsfeldern relevant. Zum besseren Verständnis, wie Genderkompetenz praktiziert wird, sollen Fallbeispiele dienen.

Handlungsfeld Talentmanagement

Genderpotentiale sind Talente. Organisationen sind aus Gründen der Produktivität und Existenzsicherung immer auf der Suche nach dem für ihre Unternehmenszwecke richtigen und zugleich besten Personal. Menschliche Potentiale und Talente werden bestimmt von individuellen Dispositionen und von ihrer Ausbildung und Nutzung. Sex, Gender und die individuelle Geschlechtsidentität tragen darüber hinaus ihrerseits signifikant zu geschlechtstypischen Differenzierungen und dem Ausprägungsgrad von Potentialen bei. Antriebe, Einstellungen, Verhaltensweisen und Erfahrungen, bei denen Geschlecht und Geschlechterrollen zu signifikanten Leistungsunterschieden und typischen Potentialausprägungen beitragen, werden als Genderpotentiale bezeichnet (Welpe u. Welpe 2003, S. 210).

Potentiale lassen sich nach dem bewährten Raster der Gallup-Organisation, die seit über siebzig Jahren Managementpotentialforschung betreibt, einteilen. In drei Potentialgruppen gibt es gendertypische Ausprägungen und Unterschiede in der Häufigkeitsverteilung. Das gilt für die Leistungsmotivationsstruktur im Feld der Antriebspotentiale, für Problemlösungs- und Denkstile im kognitiven Fähigkeitsbereich und für Kommunikation und Konfliktstile im Bereich interpersonaler Intelligenz. Auf der Verhaltensebene sind geschlechtstypische Kommunikations- und Kooperationspotentiale beobachtbar.

Insbesondere setzen Vertriebsorganisationen und Dienstleistungsunternehmen, deren Erfolg von zufriedenen Kunden abhängig ist, schon seit längerer Zeit auf weibliche Genderpotentiale zur Stärkung produktiver Teamarbeit und für den Kooperationserfolg mit Kunden und Geschäftspartnern.

Fallbeispiel

In der Vertriebskonferenz eines Pharmaunternehmens gibt es von männlichen Pharmareferenten immer wieder die gleich lautende Klage über einen Klinikchef und seinen dominanten Verwaltungschef, denen man die Produkte der Firma nicht in gewünschtem Umfang verkaufen kann. Der Klinikchef, so wird berichtet, räumt den Pharmavertretern nicht genug Zeit für die Produktpräsentation ein und gibt sich noch dazu in Gesprächen unfreundlich und streitlustig. Der Vertriebschef ist unzufrieden mit seinen Pharmareferenten, weil sie keine guten Umsätze machen. Zur Lösung des Kundenproblems hat keine Vertriebsstrategie gefruchtet. Alle Pharmareferenten, die den Klinikchef kennen, wollen seine Klinik eigentlich nicht mehr besuchen. Schwierige Kunden machen zu viel Stress und der Klinikchef ist so ein Problemkunde; das stellt man in der Vertriebskonferenz fest.

Alle Pharmareferenten, die bisher den Klinikchef besuchten waren männlich. „Dann schicken wir mal unsere zwei Frauen in diese Klinik, vielleicht können die ja anders reden mit den Herren in der Klinik", entscheidet der Vertriebschef als letzten Ausweg und löst damit, vielleicht sogar unterbewusst, sein Führungsproblem.

Denn, geschlechtstypisch anders als ihre männlichen Kollegen, steigen die Frauen nicht auf verbal aggressiven Umgangston des Klinikchefs ein, zeigen dennoch besondere persönliche Wertschätzung gegenüber ihrem schwierigen Kunden und konkurrieren nicht um die bessere Argumentation über die Produkte mit dem Klinikchef. Sie verstehen, bestärken und beraten.

Vertriebsorganisationen setzen nicht nur bei Kommunikationsproblemen mit Kunden, sondern generell bei Entscheidungen zum Personaleinsatz auf Kompetenzen, die aus Genderpotentialen resultieren. In der Praxis werden schon heute weibliche Mitarbeiter im Vertrieb häufiger für den Umgang mit schwierigen Kunden eingesetzt, weil typisch männliche Kommunikationsstile, bei denen Statusfragen, Konkurrenz, Dominanzbedürfnisse und Selbstdarstellung dominieren, zu konfliktträchtig erscheinen. Der flexible und partnerzentrierte „weibliche" Verhaltensstil, den eine aggressionshemmende Verhandlungsführung kennzeichnet, wird zunehmend zum Maßstab für effektive Kundenkommunikation, bei Akquisitionsgesprächen, zur Kundenbetreuung und für die Kundenbindung. Mittlerweile lassen Kostenträger der Gesundheitswirtschaft eigene Mitarbeiter zu Genderexperten ausbilden, um den Beratungsbedarf und die Leistungserbringung für ihre weiblichen und männlichen Versicherten und das Beschwerdemanagement zu verbessern. Organisationstheoretiker wie Rosabeth Moss, Kanther und Charles Handy haben bereits vor mehr als 25 Jahren die erforderlichen Veränderungen zur Modernisierung der Organisationen prognostiziert. Eine ihrer Forderungen war damals die „Femininisierung" von Management und Führungsstil. Damit war die Nutzung von Genderpotentialen gemeint.

Handlungsfeld Personaleinsatz. Ohne Genderbias!

Fallbeispiel Auslandseinsatz

Frau M. ist ausgebildete Auslandskorrespondentin und seit fünf Jahren bei einem deutschen Nachrichtensender tätig. Sie hat eine Familie und einen wohlüberlegten Karriereplan. Um den nächsten Karriereschritt zu machen, ist es bei ihrem Sender notwendig, dass man Auslandsreportagen macht und womöglich dazu aus Krisengebieten der Welt berichtet. So bittet Frau M. ihren Vorgesetzen um ein Mitarbeitergespräch, in dem es um ihre berufliche Weiterentwicklung und Förderung geht. Ihr Vorgesetzter,

Herr O. ist eine ältere, sehr erfahrene Führungskraft und die Förderung von Mitarbeitern liegt Herrn O. sehr am Herzen. Frau M. trägt ihren Wunsch nach einem Karrieresprung und einem Auslandseinsatz in ein Krisengebiet, Afghanistan, begründet vor.

Herr O. hört aufmerksam zu, erkundigt sich besonders nach dem Einverständnis der Familie von Frau M. zu solchen Plänen, trägt auch seine besondere Besorgnis vor, wenn er als Vorgesetzter Frauen als Reporterinnen in solche Krisengebiete schicken würde. Das wäre bisher unüblich im Sender. Er müsse da genau überlegen. Ein paar Tage später teilt er Frau M. mit, dass er sich gegen ihren Einsatz in Afghanistan entschieden hat und begründet das mit seiner besonderen Fürsorgepflicht für seine weiblichen Mitarbeiterinnen. Zugleich erfährt Frau M., dass ihr Vorgesetzter ihren Kollegen, Herrn Z., in den nächsten Wochen in ein Krisengebiet, den Sudan, zur Berichterstattung entsenden wird.

Frau M. fühlt sich als Frau diskriminiert und begründet das mit der fehlenden Führungskompetenz ihres Vorgesetzten. Sie findet, dass ihr Chef nicht auf der Höhe der Zeit ist.

Die Mitarbeiterin hat recht. Ihr Chef ist zwar freundlich und hört ihr mitarbeiterorientiert zu.

Die Lösung des Personalproblems misslingt ihm jedoch mangels Genderexpertise. Die Führungskraft weiß nicht einmal, dass sie die Situation geschlechterstereotyp und orientiert am Rollenklischee für Frauen beurteilt, und so den männlichen Kollegen nach seiner Genderlogik bevorzugt, Frau M. benachteiligt und sie damit ausschließlich wegen ihres Geschlechts diskriminiert. Dies ist ein Beispiel für die *unbewusste* Inkompetenz einer genderblinden Führungskraft, deren Praxis mangels Reflexion und Weiterbildung nicht nur veraltet ist, sondern die Mitarbeiterin schädigt. *„Ohne Kenntnis der Genderaspekte bleiben viele Urteile Vorurteile"* (Welpe u. Welpe 2003, S. 121).

Anders als diese Führungskraft, haben Führungskräfte mit Genderkompetenz nicht nur die traditionellen und geschlechtstypischen Rollen und die damit verbundenen Benachteiligungen reflektiert und das eigene Selbstkonzept kritisch hinterfragt, sondern sie verstehen Personalführung über den eigenen Verantwortungsbereich situativ hinausgehend und erweitert als Leadership (Leipprand et.al. 2012). Leadership ist die Fähigkeit, die alte Kultur einer Organisation aufzugeben und zukunftsfähige Entwicklungen zu starten (vgl. Schein 1992, S. 2). Das setzt voraus, dass eine Führungskraft alte Gewohnheiten und die Personalführungslogik aus der Industriekultur aufgibt. Führungskräfte, die nicht nur für sich, sondern für das zukünftige Ganze (ebda.) denken, haben bei der Personalführung den „Metablick" und damit das Gemeinwohl und das gesellschaftliche Ganze im

Fokus. In diesem Bewusstsein wird die Führungskraft bei Personalentscheidungen nach der neuen Genderlogik, entscheiden, nämlich vorurteilsfrei.

Handlungsfeld Personalauswahl und Personalbeurteilung

Auswahl und Beurteilung von Personal anhand von Ausbildung, Qualifikation oder Erfahrung sind wiederkehrende und in der Eigenwahrnehmung der Organisation rationale Prozesse in der Wertschöpfungskette Personal und für Beschäftigte erfolgskritisch im beruflichen Lebenszyklus. Analysen von Auswahlprozessen bestätigen jedoch seit vielen Jahren (vgl. Heilman 2001), dass hier nach wie vor noch Scheinrationaliät besteht. Denn die Auswahl und die Beurteilung von Personal bestimmen auch irrationale Prozesse, die von unreflektierten und daher unbewussten Reiz – Reaktionsschemata gesteuert sind. Unter der Vielzahl möglicher Beurteilungsfehler sind die stabilen Genderstereotypen in Organisationen besonders beachtenswert, weil sie die Entscheidungslogiken des Personalmanagements nachweisbar verzerren und so bei Einstellung, Einsatz oder Aufstieg, mehr Männer ungerechtfertigt bevorzugen und mehr Frauen entsprechend sachfremd benachteiligen (Priddat 2004, S. 173).

Das soll hier ein **fiktiver gender-stereotyper Dialog** aus dem Bewerbungsalltag verdeutlichen. Die Quelle für diesen fiktiven Dialog ist unbekannt.

„Ich komme aufgrund Ihrer Anzeige, Frau Müller".

„Sehr schön", sagte die Personalchefin Frau Müller, „nehmen Sie doch bitte Platz. Wie ist Ihr Name?"

„Schulz, Werner Schulz."

„Herr oder Herrlein?"

„Herr und Ihr Geburtsname?"

„Schneider"

„Herr Schulz, ich muss Ihnen leider sagen, dass wir zur Zeit wenig an verheirateten Männern interessiert sind. In Frau Starks Abteilung, wo der Posten frei ist, sind bereits mehrere Angestellte auf Vaterschaftsurlaub. Natürlich, junge Ehepaare möchten gern Kinder haben, aber die Abwesenheit junger Väter ist eben doch ein Problem für den Geschäftsablauf."

„Ja, das verstehe ich, wir haben schon zwei Kinder und wollen keine mehr. Im Vertrauen gesagt (Herr Schulz errötete und senkte die Stimme) ich habe mich sterilisieren lassen."

„Gut, dann also weiter. Was haben Sie für eine Schulbildung ?"

„Ich habe die mittlere Reife und einen Handelsschulabschluss mit Stenographie und Maschinenschreiben. Ich hätte gern das Abitur gemacht, aber wir waren vier

Kinder daheim und meine Eltern wollten, dass die Mädchen studieren, was ja auch ganz natürlich ist."

„Wo waren Sie zuletzt beschäftigt?"

„Ich habe nur gelegentlich gearbeitet, um mehr Zeit für die Kinder zu haben."

„Was macht Ihre Frau beruflich?"

„Sie ist Werkmeisterin in einer Metallbaufirma. Aber sie bereitet sich auf die Ingenieurprüfung vor, damit sie später die Nachfolge ihrer Mutter antreten kann, die das Unternehmen gegründet hat."

„Nun kehren wir wieder zu Ihnen zurück. Wie sind Ihre Gehaltsvorstellungen?"

„Ja wissen Sie ... "

„Wenn ich Sie recht verstehe, hat Ihre Frau eine gute Position und Sie arbeiten eigentlich nur nebenbei, für die Extras sozusagen, nicht wahr? Taschengeld für Kleidung und ähnliches, was eben junge Väter so haben möchten. 1100 € können wir Ihnen als Anfangsgehalt bieten, dazu ein 13. Monatsgehalt, Kantinenessen zu 6 € und ein Prämie für regelmäßiges Erscheinen. Unsere Frau Personaldirektor hat diesen Bonus eingeführt. Sie findet, das hebt die die Arbeitsmoral der Belegschaft und hält die Leute davon ab, dass sie wegen jeder Kleinigkeit fehlen. So konnten wir bei unseren Herren die Abwesenheitsquote um die Hälfte senken. Aber freilich gibt es immer einige, die zu Hause bleiben, weil das Baby angeblich Husten hat. Wie alt sind denn Ihre Kinder?"

„Sechs und vier Jahre. Beide gehen zur Schule und in die Kita. Ich hole sie jeden Tag nach Dienstschluss ab, bevor ich die Einkäufe erledige."

„Und wenn Sie mal krank sind?"

„Dann kümmert sich der Großvater um sie. Er wohnt bei uns in der Nähe."

„Ausgezeichnet, haben Sie vielen Dank, Herr Schulz. Sie werden in den nächsten Tagen von uns hören."

Voller Hoffnung verließ Herr Schulz das Büro. Die Personalchefin sah ihm nach. Herr Schulz hatte kurze Beine, ging leicht gebeugt und sein Haar war schon ziemlich schütter.

Frau Stark kann kahlköpfige Männer nicht ausstehen, dachte Frau Müller. Sie hat gesagt, am liebsten wäre ihr ein großer Blonder, gut aussehend und Junggeselle ... Und Frau Stark wird nächstes Jahr in die Direktorenetage aufsteigen.

Drei Tage später erhielt Herr Schulz, geb. Schneider, einen Brief, der begann: „Zu unserem Bedauern ... "

Geschlechterrollenfixierte Personalauswahl und Personalbeurteilung sind sexistisch diskriminierend. Die Gender-Stereotypen wirken im Subtext der Organisationen und werden verdeckt praktiziert. Sexistisch handeln Organisationen, deren Personalmanagement ein vorgeblich objektives, jedoch faktisch ein gender-hierarchisches Klassifikationssystem (Cornwall u. King 2003 S.211) benutzt. Ein aktuell sehr diskutiertes Instrument, diese persistierende, Frauen diskriminierende alte Genderlogik an einer Stelle nachhaltig zu durchbrechen, ist die Quotierung.

Handlungsfeld Personalinstrumente. Quotierung !

Qualifizierte Frauen sind, neben Menschen mit Handicaps, ausdrücklich aufgefordert sich zu bewerben, so steht es immer noch in den Stellenausschreibungen der Organisationen in Wirtschaft und Gesellschaft. Diese Formulierung signalisiert personalpolitisch und marketingstrategisch korrekt, dass Frauen fair behandelt werden sollen. Es heißt jedoch nicht, dass sie tatsächlich gleich behandelt werden, das belegt die derzeitig immer noch ungleiche Verteilung von Frauen und Männern bei der Besetzung der oberen und höchsten Führungspositionen. Das Prinzip Freiwilligkeit bei der Umsetzung von Chancengleichheit reicht offensichtlich nicht aus, um Personalentscheider zur Partizipationskultur zu bewegen. Weil im maskulin orientierten Personalmanagement hartnäckig noch zu vieles wie gehabt bleibt, wird der organisationsbezogene erfolgskritische Anteil von 30 % Frauen im Spitzenpositionen weder in der Privatwirtschaft, noch in politischen oder wissenschaftlichen Organisationen erreicht (Holst u. Schimeta 2012). Politische Parlamente wechseln deshalb ihre Strategie für 2020. Sie machen den Organisationen **Quotendruck.** Wenn Wahlfreiheit erfolglos bleibt, dann wird Quotierung zum Zwang. Das Signal für ein gesetzliches, mächtiges Personalinstrument, die Quotierung, ist gesetzt. Es wird unterstützt von vielfältigen gesellschaftspolitischen Aktionen, wie z. B. durch die „Charta für Frauen in der EU-Kommission 2010", dem bundesdeutschen „Frauenquotengipfel" oder durch die Berliner Erklärung 2011, in der sich überfraktionell die Frauen des Deutschen Bundestages zusammenschlossen, um die 30% Quotierung als Gleichstellungsinstrument voranzubringen. Für die Stellenbesetzungen der knappen Führungspositionen ist Quotierung das effektivste Personalmanagementinstrument in der Besetzungspraxis und für strukturelle Änderungen auf den Managementebenen in einer Organisation mit Ungleichheit.

Das Instrument Quotierung soll den Weg für verpflichtende **Gleichstellungsstandards** in Wirtschafts- und Forschungsinstitutionen bereiten. Außeruniversitäre technikbezogene Forschungsinstitutionen gehen hier der Wirtschaft beispielgebend voran. So hat sich die Fraunhofer-Gesellschaft für ihre Führungshierarchien explizit auf ein **Kaskadenmodell** mit Zielquoten von 2013 bis

2017 für Frauen verpflichtet (Fraunhofer-Gesellschaft 2013). Der Frauenanteil einer unteren Personalstufe soll die jeweilige Zielquote für die nächsthöhere Ebene sein. Gibt es z.B. bei den Trainees, dem potentiellen Führungskräftenachwuchs, 50% Frauen, soll die Quote für den Frauenanteil auf der Einstiegsebene für Führungskräfte innerhalb des definierten Zielzeitraums ebenfalls 50% betragen. Das Personalmanagement kann so für jede Karrierestufe die Zielquoten nachvollziehbar festlegen und sein Gleichstellungsmanagement transparent machen. Ab 2014 wird dieses Quotierungsmodell mit einem neuem Rahmenprogramm der EU für Forschung und Innovation flankiert. Mit „horizon 2020" (EU-Kommission 2013) soll die Frauenquote zunächst in börsennotierten Aufsichtsräten und in öffentlichen Unternehmen 40% betragen. Für die Umsetzung der Quotierung wird diese Vorschrift eine treibende Rolle spielen. Was für die großen privatwirtschaftlichen Konzerne schon gilt, wird nun auch für die mittelständischen und kleinen Unternehmen grundsätzlich erwogen. Quotierung, ob als Flexi-Quote, als Kaskadenmodell oder als gesetzliche sanktionsbewehrte Zielvorgabe ist das Instrument für den **„Female shift"** (Signium 2011, S. 9), der zu den nach dieser vielbeachteten Studie zu den großen Trends im Personalmanagement und in der Unternehmensführung 2030 gehört (ebda.).

Ob die gesetzlichen Quotenvorgaben 2020 in Europa per Zwang realisiert werden, hängt nicht zuletzt von den **„strategischen people skills"** (ebda. S. 18) der Personalmanager und Führungskräfte in Unternehmen ab.

Als Argumente gegen das Quotierungsinstrument für hohe Führungspositionen gelten empirische Ergebnisse und Erfahrungen aus skandinavischen Quotenmusterländern. Danach ist Quotierung für Toppositionen und Entscheidungsgremien ein reines Elitenprojekt und hat keinen Effekt für die zweiten, dritten und vierten Führungsebenen. Denn, der Anteil weiblicher Führungskräfte ist hier niedriger als in quotenfreien Ländern wie Deutschland. Das Quotierungsinstrument erreicht nur im Rahmen eines Personalmanagement, das die Personalprozesse als soziale Praxis gender-kompetent und mit harten, validierten Gleichstellungsindikatoren steuert, seine Ziele. In der Diskussion und ein nächster Schritt ist ein **„Ampelindikator"** (Holst u. Schimeta 2012), der öffentlich ausweist, ob das Gleichstellungsmanagement einer Organisation auf grün, gelb oder rot steht.

Literatur

Bea, F.; Göbel, E.: Organisation:Theorie und Gestaltung. Stuttgart, (2002).
Bowman, C.; Kakabadse, A.: Top management ownership of the strategy problem. In: Long Range Planning. Vol.30, Iss.2, No 4,S. 197 – 208, (1997).

Cornwall, M.; King, B.: Gender and New Institutionalism. New Opportunities or the old same constraints. Paper presented at American Sociological Meetings in August 2003. Chicago. II, (2003).

EU-Kommission: ec.europa/research/horizon 2020.30.5.2013, (2013)

Fraunhofer – Gesellschaft: fraunhofer-spezifisches Kaskadenmodell. www.pakt-fuer-forschung.de , 3.7. 2013, (2013).

Heilman, M.E.: Description and prescription: How gender stereotypes present women`s ascent up the organizational ladder. Journal of Social Issues, 57, 4. S. 657 – 674, (2001).

Holst, E.; Schimeta, J.: Spitzenpositionen großer Unternehmen: Die Hartnäckigkeit männlicher Strukturen lässt keinen Platz für Frauen.DIW Wochenbericht Nr. 3. Berlin, (2012).

Leipprand, T; Allmendinger, J.; Baumann, M.; Ritter, J.: Jeder für sich und keiner für das Ganze? WZB Berlin, (2012).

Picot, A.; Dietl, H.; Franck, E.: Organisation. Eine ökonomische Perspektive. Stuttgart, (1977).

Priddat, B.P.: Vom Gender – Trouble zur Gender-Kooperation. In: Pasero, U.; Priddat, B.(Hrsg.): Organisationen und Netzwerke: Der Fall Gender. Wiesbaden, S. 165 – 197, (2004).

RWTH Aachen: Integrationsteam – Human Resources, Gender, Diversity Management. www.igad.rwth-aachen.de 2013, (2012).

Schein, E.: Organizational culture and leadership. New York, (1992).

Welpe, I.; Welpe, I.: Frauen sind besser. Männer auch. Das Gendermanagement. Wien, (2003).

Strategie als Praxis: Qualifizierungsprogramm für Führungskräfte

Johanna Rühl

1 Abstract

Führungskräfte und Mitarbeiter/innen sollen nicht (mehr) in erster Linie über ein System von Anweisung und Kontrolle, Anpassung und Gleichförmigkeit miteinander und im Unternehmen agieren. Gewünscht ist stattdessen, dass die Beschäftigten in allen Ebenen ihre Potenziale entfalten können und entsprechend ihrer individuellen Stärken selbstverantwortlich und kreativ handeln und kommunizieren. Obwohl über dieses Ziel Einigkeit herrscht, scheitert es nach wie vor oft an der Umsetzung dieser Erkenntnisse in der Praxis. Der folgende Text, geschrieben aus der Praxis und für die Praxis, enthält Gedanken und konkrete Tools für die verschiedenen Bereiche der Führungsarbeit, die sich unmittelbar umsetzen lassen und mit denen ein organisationsweiter Lernprozess zum Thema Führung in die gewünschte Richtung begünstigt wird.

2 Zielsetzung

In der Praxis taucht in der Zusammenarbeit mit Führungskräften aller Ebenen oft eine Unsicherheit auf in Bezug darauf, welche Erwartungen eigentlich an sie als Führungskräfte gestellt werden. Was ist ihre Aufgabe und welchen Anforderungen sollen sie gerecht werden? Der Anlass, sich dieser Frage zu widmen, ist in der Praxis häufig das Thema Arbeitsüberlastung und Überforderung bis hin zu Burn-out. Das Umfeld, in dem Führungsarbeit stattfindet, ändert sich stetig und wird von vielen als zunehmend schwieriger, komplexer und herausfordernder erlebt. Als Reaktion darauf beobachten wir in der Beratung oft, dass eine Führungsarbeit, die über lange Zeit als richtig und passend erlebt wurde, aufrechterhalten wird und versucht wird, die Veränderungen im Umfeld irgendwie zu integrieren. Es ist verständlich, dass das geschieht, denn es gibt nach wie vor Bereiche, in denen die überkommenen Methoden erfolgreich sind. Wird die Situation aber zu schwierig, werden neue Lösungen interessant, die nicht aus den Mustern stammen, in denen die aktuellen Probleme entstanden sind. Im Folgenden möchte ich einige dieser Muster aufzeigen und solche neuen Lösungen darstellen, die teilweise nur Änderungen in Haltungen und Sichtweisen erfordern, aber dennoch neue Perspektiven eröffnen.

3 Führung und industrielle Produktion

Organisationen mit Führungsarbeit, wie wir sie gegenwärtig kennen, gibt es im Verhältnis zu der langen Zeit, in der Menschen inzwischen Wirtschaft betreiben, noch nicht sehr lange. Sie sind entstanden mit der industriellen Entwicklung, als es darum ging, immer aufwändigere Produktionsprozesse in immer kleinere Arbeitseinheiten aufzuteilen und diese differenzierte Arbeitsteilung organisatorisch zu bewältigen. Der klassische „Vorarbeiter" in der industriellen Produktion erteilte Anweisungen, welche Handgriffe am Fließband wie oft in welcher Zeit auszuführen sind, kontrollierte seine Arbeiter und war verantwortlich für die in seinem Bereich erzielte Produktivität. Vielleicht entsprach es auch ein wenig dem Zeitgeist, den Menschen mit Maschinen zu vergleichen und einen entsprechend „maschinellen" Leistungsmaßstab an die Produktivität von menschlicher Arbeitskraft anzulegen.

Diese Form von Arbeit gibt es heute immer weniger. Aufgaben, die keine Kreativität erfordern, werden inzwischen auch überwiegend von Maschinen übernommen. Es geht in der Arbeitswelt nicht mehr in erster Linie darum, besonders viele, immer gleiche oder ähnliche Arbeitsschritte in besonders kurzer Zeit auszuführen.

4 Welche Kompetenzen werden gebraucht?

Was braucht die Arbeitswelt stattdessen? Welche Kompetenzen sollen heutzutage im Rahmen der Personalentwicklung gefördert und gefordert werden? Es gibt hier einen Widerspruch zwischen dem, was im Führungsalltag von Mitarbeiter/innen verlangt wird, und dem, was in Managerfortbildungen, Strategieworkshops, PE-Seminaren etc. gelehrt und gefordert wird. Angelehnt an Dueck (2012, S. 100 ff) gibt es, plakativ dargestellt, den dargestellten Gegensatz von sehr oft im Alltag geforderten Qualitäten und Verhaltensweisen einerseits und andererseits dem, was nach dem aktuellen Vorstellungen der Personalentwicklung eigentlich gefordert werden sollte:

Was überwiegend praktiziert wird...	Was eigentlich gefordert wird...
Vermeide Fehler!	Probiere aus und erlaube dir Fehler!
Einheitlichkeit	Vielfalt, Individualität
Disziplin	Leidenschaft
Um Erlaubnis bitten	Selbstverantwortung
Quartalsdruck	Zukunft
Bewährtes	Neues

Man kann sicher davon ausgehen, dass eine gute Mischung zwischen Praxis und Anforderung ein erstrebenswertes Ziel der Personalentwicklung ist und, dass auch Themen wie kulturelle Vielfalt und Gender Mainstreaming wichtige Qualifizierungsziele sind. Ebenso gehören von Dueck (ebda.) formulierte Kompetenzen, die in Stellenanzeigen nur selten genannt werden, in neue Anforderungsprofile für Führungskräfte: Kreativität, Originalität, Sinn für Humor, Initiative, die andere bewegt, Gemeinschaftssinn, der auf andere ausstrahlt, ein gewinnendes Erscheinungsbild, ein ausgewogenes Selbstbewusstsein, Vorfreude auf eine gute eigene Zukunft, positive Haltung zur Vielfalt des Lebens und liebende Grundhaltung zu Menschen.

5 Fehlende Umsetzung von wissenschaftlichen Erkenntnissen

Zwar sind alle diese Kompetenzen und Haltungen bei Mitarbeiter/innen und Führungskräften sehr erwünscht. Schwierig ist jedoch die Implementierung entsprechender Verhaltensweisen in den Unternehmensalltag. Generell scheint es eben nicht leicht, wissenschaftliche Erkenntnisse in der Praxis umzusetzen.

Nehmen wir als ein Beispiel das Thema Bonuszahlungen. Durch Studien ist mittlerweile belegt, dass Bonuszahlungen keinen positiven Effekt auf die Produktivität haben – jedenfalls nicht, wenn auch nur ein geringes Maß Kreativität bei der Produktion von Arbeitsergebnissen gefordert ist (Pink, 2010). Durch die Ankündigung von Boni wird Druck aufgebaut, denn das, was subjektiv als Wunsch empfunden wird, die Bonuszahlung zu gewinnen, entfaltet eine ähnliche Wirkung wie die Androhung von Strafe, nämlich Angst – die Angst, die Bonuszahlung eben doch nicht zu bekommen. Angst hat zur Folge, dass die Funktionen des hochentwickelten Frontalhirns, in dem die Fähigkeit zur Selbstreflexion und damit auch zu Innovation und Kreativität verankert ist, beeinträchtigt werden und stattdessen tiefer liegende Hirnbereiche aktiviert werden, die mehr die pure Lebenserhaltung und Existenzsicherung zum Ziel haben und bei Bedrohung dieser Bedürfnisse zuletzt Flucht, Erstarrung oder Aggressivität auslösen. Ein Burn-out ist eine typische Reaktion dafür und lässt sich in gewissem Sinn als ein chronisches Verharren in diesen Urfunktionen des Gehirns betrachten, als Flucht in eine Art innere Kündigung und ein Erstarren in dem Bemühen, „es irgendwie doch noch zu schaffen"; beides ist oft verbunden mit Aggression gegen sich selbst, die sich in Form psychosomatischer Erkrankungen manifestiert.

Obwohl Bonuszahlungen also nachweislich keinen Nutzen erbringen, scheinen sie aus der Arbeitswelt nicht eliminiert werden zu können. Auch die Praxis von

Führungskräften, Anweisungen zu erteilen, Verantwortung für alles zu übernehmen und alles zu kontrollieren, bestimmt nach wie vor den Führungsalltag. Dieser Stil steht in Gegensatz zu gegenwärtigen neuen Trends.

Drei Bereiche der Führungsarbeit

Im Folgenden möchte ich drei Bereiche der Führungsarbeit vorstellen und beschreiben, welches Führungsverständnis besser zu einer professionelleren Personalentwicklung passt.

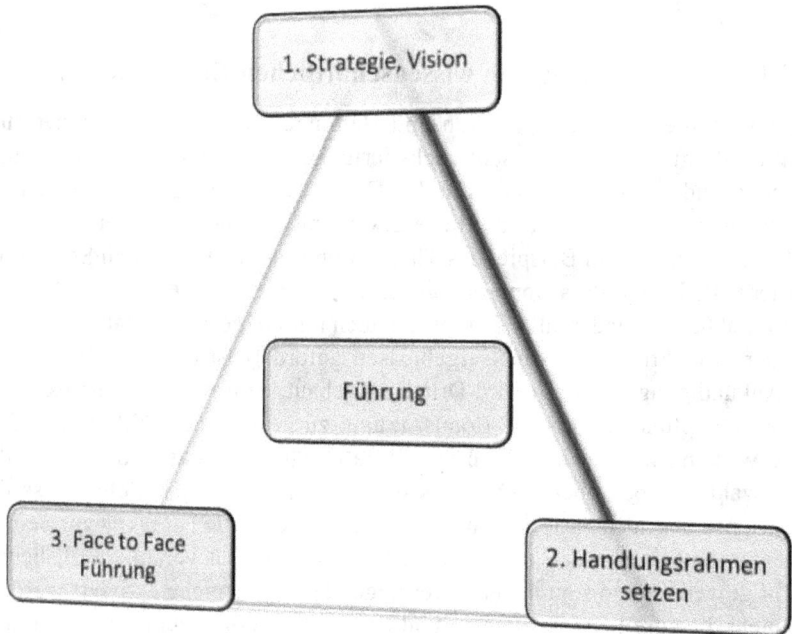

Abb. 1: Führung im Wertedreieck

Führung kann betrachtet werden in dem Dreieck von Strategie- und Visionsarbeit (1), also mit der Frage, wie sich die Organisation als Ganze zu ihrer Umwelt in Beziehung setzt, von Handlungsrahmen und Regeln (2) mit der Frage, in welchem Korridor sich das Personal bewegen kann, und von Führung als Face-to-Face Praxis (3) mit der Frage der Beziehung zwischen Führungskraft und ihren Mitarbeiter/innen (Systematik nach dem von Matthias Varga von Kibéd und Insa Sparrer entwickelten GPA-Schema (vgl. Ferrari 2012).

Der erste Bereich der Führungsarbeit (Strategie, Vision) betrifft eher das Top-Management, der dritte Bereich (Face to Face-Personalführung) vor allem die mittlere und untere Führungsebene, die viel Personalverantwortung tragen. Mit dem zweiten Bereich (Rahmen und Regeln) haben alle Führungskräfte in Bezug auf den Organisationsteil, der ihnen „anvertraut" ist, zu tun.

In allen Bereichen können Prozesse initiiert werden, die eine im oben beschriebenen Sinne professionellere Personalentwicklung fördern, wie es nachfolgend dargestellt ist.

Bereich 1: 3 Schritte einer Strategie- und Visionsentwicklung

Eine Organisation oder ein Unternehmen ist kein Produkt, sondern ein System mit vielen Subsystemen, das sich in einer bestimmten Umwelt befindet, die sich wiederum aus vielen Systemen zusammensetzt. Von daher ist die Lebenslinie eines Unternehmens nicht vergleichbar mit der Entstehung eines Produktes. Bei letzterem lässt sich relativ leicht festlegen, welche Arbeitsschritte wie und in welcher Reihenfolge ablaufen müssen, damit aus den Ausgangsstoffen das fertige Produkt wird. Die Entwicklung einer Organisation, die zukünftige Stellung eines Unternehmens im Markt, die Veränderungen, die in den nächsten zehn Jahren geschehen werden, etc. lassen sich nicht voraussagen. Die lineare Kausalität versagt; der „berühmte Schmetterling" aus der Chaostheorie ist die Metapher dafür, wie wenig zuverlässig Vorhersagen über Entwicklungen sind. Systeme sind eine Black Box, die man nach Niklas Luhmann zwar durch einen Input irritieren kann, ohne aber vorhersagen zu können, was das System mit dieser sogenannten Irritation macht. Keine Strategie ist einfach nur richtig oder falsch, ihre Wirkung hängt vom Kontext ab, der sich stets verändert.

Wenn Führungskräfte daher für die Organisation als das Ganze denken, sollten sie besser in die Gegenwart schauen und quasi das ganze System mit Empathie beobachten bzw. sich hineinfühlen: Wie geht es der Organisation insgesamt? Welche Potenziale sind da, die noch nicht genutzt werden, aber aktualisiert werden können? Welche Zukunft wünscht sich die Organisation – als System betrachtet – für sich? Was ist gerade wichtig, welche Lernprozesse stehen an?

Antworten auf diese Fragen bilden eine Basis für organisationsweite Entscheidungen und ggf. Veränderungsprozesse, die mindestens so wichtig ist wie die aktuellen Geschäftsdaten und die Wirtschaftslage.

Götz W. Werner, der Gründer und Inhaber der Drogeriekette DM, sagt in einem Interview mit dem Center for Leadership and Behavior in Organisations (2012) auf die Frage, was für ihn Führung bedeutet: Führung bedeutet in erster Linie zu beobachten, was passiert. Beobachtung ist ein wichtiger erster Schritt einer guten Strategiearbeit. Auf Basis solcher Beobachtungen bleiben strategische Veränderungen und

Visionen im Ist – Zustand verwurzelt und verlieren die aktuellen und aktualisierbaren Potenziale der Organisation nicht aus dem Blick.

Im zweiten Schritt geht es um die Schaffung eines Ziels, das attraktiv für Beschäftigte und Kunden ist. In der Phase der industriellen Produktion ging es darum, möglichst viel, möglichst schnell und möglichst günstig zu produzieren. In gewisser Weise wurden so die industrielle Produktion und Gewinn zum Selbstzweck erklärt. Damit ein Unternehmen oder eine Organisation sich ausrichten kann, und Leitlinien für strategische Entscheidungen erhält, sind anders gestaltete Zielfindungsprozess zu initiieren. Kundenorientierung kann dabei ebenso ein Ziel sein wie etwa, das Unternehmen zu einem besonders attraktiven Arbeitgeber werden zu lassen. Auch das Produkt kann im Mittelpunkt stehen, wie etwa bei der Brandenburger Öko-Bäckerei „Märkisches Landbrot", welche mit dem Motto „Das Brot ist der Chef – wir tun alles, damit es ihm gut geht" die Qualität ihres Produktes in den Mittelpunkt stellt und damit gleichzeitig ein sehr attraktiver Arbeitgeber geworden ist.

Für den dritten Schritt möchte ich auf ein Tool zurückgreifen, das abgeleitet ist aus der lösungsfokussierten Arbeit und auf den Businesskontext übertragen eine Möglichkeit darstellt, eine sehr konkrete Vorstellung von einer erwünschten Zukunft für ein Unternehmen zu entwickeln. Es lässt sich auch gut in einem Strategieworkshop gemeinsam und mit folgender Anleitung erarbeiten:

Wenn Sie sich das Unternehmen im Ist-Zustand gut vor Augen geführt und insbesondere die Potenziale und Stärken wahrgenommen haben (s. o. erster Schritt) und sich überlegt haben, was Ihnen wirklich die wichtigsten Ziele sind (s. o. zweiter Schritt) können Sie folgende Übung machen:

o Stellen Sie sich einen Zeitstrahl vor, der in die Zukunft weist. Bewegen Sie sich gedanklich auf diesem Zeitstrahl eine passende Zeitspanne nach vorne, vielleicht drei, fünf oder acht Jahre.

o Dann stellen Sie sich vor, dass alles in der Zwischenzeit sehr gut gelaufen ist und Sie jetzt ein Unternehmen führen, das genau so ist, wie sie sich es wünschen. Alles, wie es zu diesem bestimmten Datum ist, ist perfekt.

o Und jetzt entwerfen Sie ein Drehbuch. Sie drehen zu diesem zukünftigen Datum einen Film über ihr perfektes Unternehmen, stellen es anderen Menschen vor. Sie sind der Kameramann oder die Kamerafrau und die Sprecherin oder der Sprecher in Person. Was filmen Sie? Was beschreiben Sie dabei? Was können Sie beobachten in ihrem Unternehmen, wie sind die Arbeitsabläufe? Was steht in Ihrem Kalender und welche Termine finden Sie in den Kalendern der Führungsmannschaft? Was sagen Mitarbeiter/innen, wenn Sie mit Ihnen sprechen? Was sagen Kunden, Konkurrenten, Kooperationspartner, die Presse?

Drehen Sie innerlich einen langen, sehr detailreichen Film und notieren Sie sich alle Einzelheiten. Um alle Einzelheiten festzuhalten, können Sie anschließend einen „Brief aus der Zukunft" schreiben, in dem Sie alle Einzelheiten so beschreiben, als wäre alles, was sie innerlich gesehen haben, schon Gegenwart.

o Dieser Brief enthält dann eine sehr konkrete Zukunftsvision, von dem ausgehend Sie die Unterschiede zum Ist-Zustand festhalten können und dann Ideen generieren können, was die nächsten Schritte sind, die Sie in die richtige Richtung bringen.

Warum fördern diese drei Schritte der Strategieentwicklung eine stärkende Personalentwicklung? Der erste Schritt, der Blick in die Gegenwart, bietet die Möglichkeit, die vorhandenen Potenziale im Unternehmen wahrzunehmen, die realisierten wie die noch nicht realisierten, aber realisierbaren. Man muss nach ihnen suchen und nicht nach den Defiziten, denn sie bilden die Basis für die nächsten Schritte. Der zweite Schritt, die Zielfindung, gibt dem, was im Unternehmen geschieht, einen Sinn, eine Bedeutung, die über das bloße Geldverdienen hinausgeht. Diesen Sinn können alle Beschäftigten als Leitlinie nehmen und wissen daher, woran sie sich ausrichten können, wenn sie selbständig agieren. Gleichzeitig wird das Thema Motivation berührt: *„Als wir den Sinn unserer Arbeit nicht mehr sahen, begannen wir, über Motivation zu sprechen."* (Sprenger (2010, S. 216) Der dritte Schritt schließlich, die drehbuchgenaue Beschreibung eines gewünschten Zustands, zeigt auf, welche Einzelheiten alle – außerdem noch – in dem gewünschten Zustand anders sind und besser sein können, erfasst also alle Bereiche des alltäglichen Arbeitsablaufs, der Kommunikations- und Führungsstrukturen und lässt eher die ganze Komplexität der Unterschiedlichkeit und den Handlungsbedarf erkennen.

Bereich 2: Ein neuer Rahmen. Projektorientierte Führung

Der zweite Bereich für veränderte Führungsarbeit ist die Aufgabe, Rahmen und Regeln für den eigenen Führungsbereich zu schaffen. Hier geht ein Trend, der aus meiner Sicht zu favorisieren ist, hin zu einer mehr projektorientierten Führung.

Weil die Arbeitsprozesse in den letzten Jahren und Jahrzehnten immer komplexer werden, gibt es in Unternehmen auch immer mehr Aufgaben, die in Form von Projekten erledigt werden sollen, mit allen damit verbundenen Problemen, die auch eine hohe Rate von gescheiterten Projekten mit sich bringen (Bittelmeyer 2009). Projekte werden vor allem dort ins Leben gerufen, wo originelle, kreative oder innovative Ergebnisse erzielt werden sollen oder wo fachübergreifend zusammengearbeitet werden muss.

Die Besonderheit von Projektarbeit im Unterschied zu der üblichen Arbeit in Form von Routinen und Daueraufgaben ist, dass nicht die Handlung selbst im Fokus steht und angeleitet wird, wie es in der industriellen Produktion üblich war und vielleicht in wenigen Arbeitsfeldern auch noch sinnvoll ist. Die Handlung steht im Fokus, wenn, etwas überspitzt formuliert, Anweisungen im Sinne eines „Kochrezeptes" von der Führungsebene erteilt werden und diese dann Punkt für Punkt ausgeführt werden.

Im Unterschied dazu steht bei Projekten das Ergebnis im Vordergrund. Im Rahmen einer intensiven und wiederholten Auftragsklärung zwischen der/dem Auftraggeber/in (Führungskraft) und der/dem Auftragnehmer/in (Mitarbeiter/in), die eine Verhandlung auf Augenhöhe sein sollte, wird das Ergebnis sorgfältig und detailliert beschrieben. Die Art und Weise, wie das Ergebnis erzielt wird, bleibt dann dem Auftragnehmer überlassen.

Wenn eine Führungskraft eine Aufgabe delegiert, sei es an eine Einzelperson oder an ein Team, kann sie als Führungskraft in der Hierarchie handeln und De-legation mit Anweisungen verbinden, oder sie agiert wie ein Auftraggeber, der einen Projektauftrag vergibt. Der Vorteil der zweiten Variante: Die Führungskraft wird entlastet, da sie Verantwortung in die Selbstverantwortung der Auftragneh-mer abgibt.

Hierzu ein Beispiel: Wenn eine Bürokraft, die dieses nicht ständig tut, von ihrer Führungskraft zum ersten Mal den Auftrag bekommt, ein ganztägiges Meeting in einem Hotel zu organisieren, kann sie das subjektiv als business as usual, also als von der Führungskraft angewiesene und angeleitete Aufgabe auffassen. Sie kann es aber auch als kleines Projekt verstehen und sich z. B. einen kleinen Projektstrukturplan schreiben und Meilensteine festlegen. Bis wann müssen die Räume gebucht sein? Bis wann die Einladungen versendet? Wann muss das Catering geplant sein? Beide Varianten sind möglich. Worauf es ankommt, ist die Haltung, das Verständnis und die Kommunikation der Aufga-be zwischen Führungskraft und Bürokraft. Fasst die Führungskraft das Vorha-ben als Projekt auf, wird sie gerne bereit sein, das Endergebnis und das Ziel in allen Einzelheiten zu beschreiben. Sie wird aber möglicherweise ungehal-ten sein, wenn die Bürokraft z. B. fragt, wie viele Angebote eingeholt werden sollen oder welche genaue Formulierung die Einladungs-E-Mails haben. Fasst die Bürokraft die Aufgabe als Projekt auf, wird es ihr dagegen als Einmischung in selbstverantwortete Tätigkeit vorkommen, wenn die Führungskraft z. B. die selbständige Auswahl des Veranstaltungsortes zurückweist, selbst einen anderen Raum bucht oder genaue Vorgaben zum Buffet macht. Die Frage ist, in welchem

Umfang die Führungskraft nur an dem Ergebnis interessiert ist und wie sie die Art und Weise der Ausführung der oder dem selbstverantwortlichen Mitarbeiter/in überlässt, und in welchem Umfang die Führungskraft die einzelnen Tätigkeiten bestimmen und festlegen möchte. Die erste Variante erfordert mehr Zutrauen in die Mitarbeiter/innen, ist aber entlastend und fördert die gewünschten und oben unter Punkt 4 beschriebenen Kompetenzen deutlich mehr als die zweite Variante.

Betrachten wir einmal die Realität in vielen gegenwärtigen Organisationen. Viele Beschäftigte fühlen sich von Führungskräften häufig „allein" gelassen, vermissen klare Ansagen über die Art und Weise der Aufgabenwahrnehmung, erhalten keine Sortierung der vielen Aufgaben nach ihrer Priorität und oft bleibt eine Beurteilung dessen, was sie erledigt haben, aus. Führungskräfte, auf der anderen Seite, fühlen sich von den fachlichen Einzelfragen ihrer Mitarbeiter/innen überfordert, wünschen sich selbständiges Arbeiten und Mitarbeiter/innen, die mitdenken und unabhängig handeln können und von sich aus Verantwortung übernehmen.

In gewissen Sinn gibt es hier ein grundlegendes Missverständnis, das oft aufgelöst werden könnte, wenn beide Seiten mehr im Sinne einer projektorientierten Arbeitsweise denken. Führungskräfte erkennen dann ausdrücklich an, dass sie aus zeitlichen, aber oft auch aus fachlichen Gründen nicht in der Lage sind, ihren Mitarbeiter/innen die gewünschten detaillierten Arbeitsanweisungen zu geben. Die Spezialisierung ist mittlerweile in vielen Bereichen so weit fortgeschritten, dass die Mitarbeiter/innen in ihrem jeweiligen Fachgebiet mehr Expertenwissen haben als ihre Führungskraft. Dieses sollte kommuniziert sein, denn die Beschäftigten haben oft die Vorstellung, dass ihre Führungskräfte auf dem gleichen Wissensstand sind oder sein wollen wie sie selbst. Wenn Mitarbeiter/innen die Erlaubnis haben, nutzen sie Gestaltungsspielräume und übernehmen Eigenverantwortung. Im besten Fall sehen sie sich sogar in der Rolle von Berater/innen ihrer Führungskräfte – eine Rolle, die umgekehrt von diesen akzeptiert sein muss.

Unternehmen mit flachen Hierarchien erzeugen große Führungsspannen. Damit sind Einstellungsänderungen und veränderte Haltungen bei Führungskräften und Mitarbeiter/innen nötig. Anstelle von Einzelverantwortung haben die leitenden Führungskräfte die Gesamtverantwortung und Mitarbeiter/innen und Teams sehr viel mehr Selbstverantwortung für Ergebnisse.

Die Erfahrung zeigt, dass solche Haltungen in Organisationen enorme Potenziale freisetzen können. Es ist nicht mehr abhängig von der Hierarchie, wer wen berät und wer welche Verantwortung übernimmt, sondern von der jeweiligen fachlichen Befassung und Spezialisierung. Es gibt Firmen, die

zunehmend auf Hierarchien verzichten und immer mehr projektorientiert arbeiten. Ein extremes Beispiel dafür ist die brasilianische Firma Semco, die auf
jede Form der Hierarchie oder der Arbeitszeitkontrolle, sehr erfolgreich, seit
mittlerweile über 25 Jahren verzichtet (Semler 2003).

Bereich 3: Face to Face-Personalführung

Was machen Führungskräfte, die mit Ihren Mitarbeiter/innen sprechen, aber
keine Anweisungen oder Ratschläge erteilen wollen – denn letztere sind auch
Anweisungen, die etwas höflicher verpackt sind? Sie stellen Fragen. Fragen,
die geeignet sind, Mitarbeiter/innen zu eigenen Lösungen zu bringen. Führung
mit Fragen bedeutet eine Face to Face-Führung, die sich als Coaching versteht.
Stellen Mitarbeiter/innen Fragen an ihre Führungskraft, kann es bedeuten, dass
sie im Grunde auch schon die Antworten haben. Es braucht also nur eine Art
„Hebammentätigkeit" der Führungskraft, um wiederum mit weiteren eigenen
Gegenfragen die Problemlösung zum Vorschein zu bringen. Ein lohnenswertes
Ziel einer Personalentwicklung ist es daher, Führungskräfte – aber auch alle
Mitarbeiter/innen – darin zu schulen, wie nützliche Fragen für Problemlösungen
gestellt werden können.

Hierzu einige Beispiele, welche Fragen besonders hilfreich sein können:

○ Wenn eine Führungskraft ein Coachinggespräch mit einer Mitarbeiterin oder
einem Mitarbeiter führen will, beginnt sie am besten mit der Frage: „Wenn
wir dieses Gespräch beendet haben, woran merken Sie, dass es nützlich für
Sie war?" Mit dieser Frage liegt die Verantwortung für den Erfolg beim
Gesprächspartner.
○ Oft ist es hilfreich, mit hypothetischen Fragen zu arbeiten, um Lösungsideen
zu erhalten, eingeleitet am besten mit „angenommen". „Angenommen, Sie
könnten die Aufgabe so erledigen, wie Sie es gerne würden, was genau tun
sie dann?"
○ Geht es um eine Situation, bei dem jemand den Fokus sehr auf negativer Problemsicht hat, also darstellt, was alles schlecht ist und nicht sein darf, hilft die
Frage nach dem „Stattdessen", den Blick auf die Lösung zu richten: „Angenommen, ihre Kollegin würde sich so verhalten, wie Sie es gerne möchten: Was
sagt und tut sie dann stattdessen?"
○ Lösungen, die in der Vergangenheit schon einmal da waren, helfen oft auch in
der Gegenwart: „Ist Ihnen das früher besser gelungen? Was war da anders?"
○ Wichtig sind schließlich auch immer wieder die sogenannten rekursiven Fragen. Menschen haben eine erstaunliche Fähigkeit, die Perspektiven von anderen

Menschen einzunehmen. Man muss es einfach einmal bewusst erfragen: „Gehen Sie einmal in die Position Ihres Kunden, versetzen Sie sich einmal in ihn hinein. Welche Antwort würde sie oder er wohl auf diese Frage geben?"

Für geeignete Fragen findet sich umfangreiche Literatur (Birkenbiehl 2012); Kindl-Beilfuß (2011); Sparrer (2010, S. 11 – 73).

Wenn Führungskräfte sich daran gewöhnen, konsequent Fragen zu stellen, stellt dieses schon einen deutlichen Schritt in Richtung auf veränderte Führungsarbeit dar, die in großem Umfang zu einem Empowerment der Organisation beiträgt.

Ergänzend hierzu lohnt sich noch ein Blick auf die richtige Haltung, mit der Führungskräfte ihren Mitarbeiter/innen in solchen, an ein Coaching angelehnten Gesprächen begegnen sollten. Weder ein Gespräch auf Augenhöhe, noch ein im üblichen Sinn verstandenes Über- und Unterordnungsverhältnis erscheinen hier passend.

Stattdessen hilft der Begriff der „Umfassung", der sich in einem religionsphilosophischen Buch findet, das vom Verhältnis zwischen Eltern und Kindern, Lehrern und Schülern oder auch Beratern und Therapeuten und Klienten handelt Buber (2005, S. 37ff). Martin Buber beschreibt das „Zwischen" zwischen zwei Menschen so, dass es im besten Fall zu einer von ihm so genannten ICH-DU Begegnung kommt, also zu einer wirklichen Begegnung zweier Personen auf gleicher Ebene. Hier kann jede Seite von der anderen Seite das gleiche Maß an Empathie, Verständnis und Zugewandtheit erwarten.

Dann gibt es aber auch Verhältnisse, die durch eine höhere „Mutualität" der einen Seite gekennzeichnet sind, in denen der eine Teil den anderen „umfasst" (ebda.). Das heißt, dass Eltern sich mit Empathie und Verständnis ihren Kindern zuwenden sollten, aber nicht im Gegenzug das Gleiche von Ihren Kindern erwarten dürfen. Gleichermaßen sollten Lehrer/innen ihren Schüler/innen mit „Umfassung" begegnen, ohne sie dabei einzuschränken, während umgekehrt Schüler nicht z. B. Mitleid mit Ihren Lehrern haben müssen. Eine Therapeutin, die vom Klienten die Erleichterung von eigenen Problemen erwartet, hat ihren Beruf verfehlt. Umfassung ist also nach Buber die Beschreibung für ein asymmetrisches Verhältnis, in dem die eine Seite die andere mit allen Potenzialen und Eigenheiten wahrnimmt, also umfasst, ohne umgekehrt das Gleiche erwarten zu können. Angelehnt an dieses Bild könnte man auch das Verhältnis von Führungskräften zu ihren Mitarbeiter/innen beschreiben. Führungskräfte sind dann in einer starken Position, wenn sie ihren Mitarbeiter/innen durch eine Art „Umfassung", wie oben beschrieben, Sicherheit und Orientierung geben, ohne sie zu sehr einzugrenzen. Wenn Führungskräfte ihre eigene Stärke, also das, was mit dem englischen Begriff „Attraction" bezeichnet wird, in einer Art zeigen, die Mitarbeiter/

innen nicht durch Über- und Unterordnung erdrückt, sondern sie zu einer ähnlichen Stärke und Attraction ermutigt, gelingt Personalentwicklung schon allein durch diese Vorbildfunktion.

Fazit

Die Herausforderung der Gegenwart ist weniger zu erkennen, wie Führungs-arbeit sein sollte, als vielmehr aktuelle Erkenntnisse in der Praxis anzuwen-den und umzusetzen. Neue Arten zu denken, zu handeln und zu fühlen müssen konkret erfahren und erlebt werden, damit sich entsprechende Führungs- und Arbeitsgewohnheiten ausbilden können. Jede Organisation wird eine eigene, maßgeschneiderte Lösung für die eigene Entwicklung finden müssen. Führung mit Hilfe eines konkreten, ressourcen- und werteorientierten Strategie- und Ziel-findungsprozesses, flache und vernetzte Führungsstrukturen in einer projektori-entierten Organisation und eine um Coachingaspekte erweiterte Führungsarbeit sind verhältnismäßig leicht zu implementieren und helfen der jeweiligen Orga-nisation, ihren eigenen, individuellen Weg zu finden.

Literatur

Birkenbihl, V.F.: Fragetechnik … schnell trainiert. München, (2012).

Bittelmeyer, A.: Macht gegen Stärke, Projektorientierte Organisationen, in: Mana-gerseminare Heft 140, November 2009, S. 18 – 23. Bonn, (2009).

Buber, M.: Reden über Erziehung. Gütersloh, (2005 11. Aufl.).

Dueck, G.: Professionelle Intelligenz. Worauf es morgen ankommt. Köln, (2012).

Ferrari, E.: Führung im Raum der Werte. Aachen, (2010).

Kindl-Beilfuß, C.: Fragen können wie Küsse schmecken. Systemische Frage-techniken für Anfänger und Fortgeschrittene. Heidelberg, (2011).

Pink, D. H.: The surprising truth about what motivates us. Edinburgh, (2010).

Semler, R.: The Seven-Day Weekend, A Better Way to Work in the 21st Century. London, (2003).

Sparrer, I.: Einführung in die Lösungsfokussierung und Systemische Strukturauf-stellungen. Heidelberg, (2010).

Sprenger, R. K.: Mythos Motivation: Wege aus einer Sackgasse, Frankfurt, (2010).

Anleitungen zur Weiterentwicklung des eigenen Humankapitals.
Das Individuum und das Personalentwicklung der Zukunft

Ingelore Welpe

1 Abstract

Humankapital ist definiert als Ressource für individuelles Leistungsvermögen und als die Motivation, das Wissen und das Können, das Menschen erworben haben und als Lernpotential für ihre eigene und für fremde Weiterentwicklung besitzen. Humankapital verfällt in dem Maß und Tempo, wie technologische, soziale und persönliche Veränderungen eintreten. Kontinuierlich sind Anpassungen des Humankapitals an die Entwicklungen in der Arbeitswelt von Menschen gefordert, damit sie ihre Beschäftigungsfähigkeit sichern. Unternehmen erwarten von heutigen Mitarbeitern, dass sie ihre berufliche Weiterentwicklung auch selbstverantwortlich und selbsttätig in die Hand nehmen. Das eigene Humankapital steht immer im Wettbewerb um gute Arbeit und beste Arbeitgeber mit dem Wissen und Können von Mitbewerbern. Karriereorientierte Fachkräfte und Nachwuchsführungskräfte, die Personalentwicklung als ihre eigene Angelegenheit betrachten, investieren daher zielorientiert und lebenslang in Wachstum und Entwicklung ihres Humankapital und in ein produktives Selbstkonzept.

2 Zielsetzung

„Humankapitalisten" fragen sich, was, sie selbst tun können, damit sich ihre Potentiale entwickeln und, wie sie damit ihre persönliche Flexibilität und berufliche Mobilität in der neuen Arbeitswelt stärken können. Der Beitrag formuliert acht Thesen, die an- und handlungsleitend sind für die individuelle Weiterentwicklung und die Entwicklung des Selbstkonzepts.

3 Exzellenz

Exzellent qualifizierte Mitarbeiter und Führungskräfte sind mehr denn je eine knappe Ressource. Ihr Kapital ist ihr Wissen, Können und ihre Leistungsfähigkeit. Dieses Humankapital ist es, das über den wirtschaftlichen und sozialen Erfolg eines Unternehmens entscheidet. So gesehen, ist Unternehmensexzellenz ein Resultat exzellenter Mitarbeiter.

Wer sind nun die exzellenten Mitarbeiter/innen und, was zeichnet sie aus? Es sind Personen, die sich Gedanken über ihre Zukunft machen, überlegen, was aus ihnen geworden wäre, hätten sie einen anderen Bildungsweg oder einen anderen Arbeitgeber gewählt oder wären sie in einem anderen Kulturkreis aufgewachsen. Außerdem überlegen sie, was aus ihnen noch werden könnte, wenn sie sich nur selbst ließen. Personen, die so denken, werden kontinuierlich in ihre persönliche Entwicklung investieren, um ihre berufliche und persönliche Zukunft zeitgemäß zu gestalten und zu sichern. Sie entwickeln ihr Humankapital strategisch überlegt und ausgerichtet auf die ökonomischen und sozialen Veränderungen, die die Arbeitswelt von morgen bestimmen. Man kann sie als „Humankapitalisten"bezeichnen, weil sie ihre Personalentwicklung aus eigenem Antrieb individuell planen und zielorientiert verfolgen.

Reichen mein heutiges Wissen, meine Kompetenzen und meine Motivation für die Arbeitswelt der Zukunft aus? Kenne und entwickle ich meine Potentiale? Gehöre ich auch noch morgen zu den Besten? Was kann ich dazu selbst tun?

Solche Fragen stellen sich viele, vor allem junge gut ausgebildete Mitarbeiter, die ihre berufliche Entwicklung und ihre Beschäftigungsfähigkeit als Fachkräfte und Spezialisten im Arbeitsmarkt der Zukunft als eigenverantwortlich in die Hand nehmen und nicht allein der Personalentwicklung eines Unternehmens überlassen wollen. Die folgenden Thesen resultieren aus dem Standpunkt, dass Humankapital eine spezifische, personengebundene Ressource ist, die es im persönlichen und beruflichen Lebenszyklus kontinuierlich selbst zu erneuern gilt.

These 1 Die wichtigste Ressource ist das eigene Humankapital

Ohne besondere Investitionen ist lebenslange Beschäftigung für junge Menschen nicht mehr garantiert, seit die Arbeitswelt kommunikations-technologisch und globalisiert ist und Unternehmen im globalen Wettbewerb stehen. Wegen des heutigen hohen Veränderungstempos und der Individualisierungstendenzen wird das Individuum zunehmend mehr als zuständig und selbst verantwortlich für seine berufliche Weiterentwicklung betrachtet. In ihren Personalentwicklungskonzepten bieten Unternehmen ihren Mitarbeitern daher heute auch Instrumente und Möglichkeiten an, neues Wissen und neue Kompetenzen selbsttätig zu erwerben.

„Wir als Unternehmen wollen bester Arbeitgeber sein. Sie geben uns das beste Wissen und Können und sorgen für Ihre persönliche Weiterentwicklung." Es ist ein neuer sozialer Kontrakt in der Personalentwicklung, der sich zwischen Unternehmen und ihren Mitarbeitern entwickelt. Das individuelle Humankapital wird als größtes Asset, als das wesentliche Wertschöpfungspotential, für persönlichen und

beruflichen Gewinn im Wettbewerb um gute und beste Arbeitsplätze betrachtet, weil es Exzellenz, Anpassung, Flexibilität und Mobilität ermöglicht. Kontinuierliches „Up date" und „Up grade" des eigenen Bildungsniveaus und des Kompetenz-profils außerhalb schulischer oder akademischer Bildung sind dauerhafte und erfolgskritische Anforderungen an alle Mitarbeiter/innen.

> *„Es ist nicht entscheidend, darüber nachzudenken, was sich geändert hat, sondern was sich nicht geändert hat."*

(Friedman 2006, S. 553).

Personen, die davon sprechen, wie gut sie früher waren, unterscheiden sich signifikant von denen, die darüber reden, wie gut sie werden wollen. Wenn Erinnerungen an eingebildete gute Vergangenheit die Zukunftsvorstellungen übertreffen, dann fehlt es an Investitionen in die eigene Weiterentwicklung und positive und realisierbare Erwartungen an die Zukunft.

These 2 Das eigene Humankapital steht im sozialen Wettbewerb und muss bewertet werden

Wer sein Humankapital weiterentwickelt, der strebt nach Zuwachs und Veränderung von Wissen und Kompetenzen, die ihn im Selbstvergleich mit Anderen auszeichnen und in Bewerbungssituationen die Erfolgsaussichten erhöhen. Wenn persönliches Wissen und Kompetenzen wettbewerbstauglich und beruflich zielführend sein sollen, dann müssen auch sie den Kriterien genügen, die für die strategische Ressource Personal von Unternehmen gelten. Wissen und Kompetenzen auch einer individuellen Person sollen demnach darauf gerichtet sein „wertvoll, selten und einzigartig" zu werden (Barney 1991). Erst dann lässt sich zu Recht eine signifikante Potenzialent-wicklung erwarten, mit der man für sich und das Unternehmen Werte schaffen kann.

Die Weiterentwicklung des eigenen Humankapitals beginnt mit einer Be-wertung des aktuellen Wissens und Könnens, mit Überlegungen über notwendi-ge Veränderungen und zukünftige Ziele und, wie durch die Weiterentwicklung von Wissen und Kompetenzen zusätzliche Potenzialnutzung ermöglicht und bessere Wertschöpfung erreicht werden kann. Wissen und Kompetenzen sind intangible und unbegrenzt differenzierbare Ressourcen. Daher lassen sie sich mit formalen Kriterien und mit instrumentell-technischen Perspektiven nur beschränkt richtig bewerten. Eine Wert- und Potenzialanalyse des eigenen Humankapitals geht von der Annahme aus, dass Wissen, Können und Potenzi-ale nur situationsbezogen, zielorientiert und zweckgebunden wertvoll sind und daher für neue Situationen, weitere Ziele und Anforderungen umgeformt, spezifiziert und transformiert werden müssen. Humankapital generiert erst dann soziale Wertschöpfung, persönliche und berufliche Renditen, wenn einer Person durch ihre systematische individualisierte Weiterentwicklung vielfältige, verfeinerte mentale Muster zur Verfügung stehen.

These 3 Persönliche Weiterentwicklung benötigt ein produktives Selbstkonzept

Verfall von Wissen und Defizite im Können sind, ebenso wie ungenutzte Potentiale, Anlässe für Investitionen in die eigene Weiterentwicklung. In diesem Prozess spielt die Auseinandersetzung mit dem eigenen Selbstkonzept eine entscheidende Rolle.

Die prägnanteste Definition dessen, was das Selbst einer Person ist, stammt von William James: *„In its widest possible sense (...) a man's Self is the sum total of all that he CAN call his"* (1890, S. 291; Großschreibung im Orig.).

Das schließt das materielle Selbst ein, das Haben und das immaterielle Selbst, das Sein ein, zu dem auch das Humankapital einer Person gehört. Das Selbstkonzept einer Person besteht aus inhaltlich variablen und aus mehr oder weniger voneinander unabhängigen spezifischen Konzepten. Familiäre, berufliche, ethnische oder sexuelle Identitätskonzepte bestehen nebeneinander, sind oft widersprüchlich und unvereinbar und sind zudem in der Regel unterschiedlich weit entwickelt und unterschiedlich leistungsfähig.

Für einen gutes, erfolgreiches berufliches Leben, das einem wesensgemäß ist, braucht man neben einer Idealvorstellung reale Ziele und die Auseinandersetzung damit, wie die persönlichen und beruflichen Anforderungen zur Zielerreichung bewältigt werden können. Eine solche Auseinandersetzung erfolgt als Reflektion des Selbstkonzepts, bei der die Lebenspläne, die beruflichen Ziele, wesentliche Werte und persönliche Entwicklungen überdacht, geklärt und bedarfsbezogen revidiert werden. Eine bewusste Selbstaufklärung wird in der Regel durch persönliche kritische Lebensereignisse sowie berufliche oder ökonomische Veränderungen angestoßen, die der Bestandsaufnahme von Potentialen, Kompetenzen und der Einschätzung des zukünftigen Veränderungsbedarfs dienen. Das Ergebnis einer gelungenen Selbstaufklärung bewirkt ein inhaltlich verändertes Selbstkonzept, das für den persönlichen und beruflichen Lebenskontext stimmig ist. Das aktuell relevante Selbstkonzept, das „working self-concept", (Fiske & Taylor 1991) einer Person ist plastisch und bleibt so lange stabil, wie es produktiv ist und persönliche Zukunftsfähigkeit in beruflichen Leistungs- und Veränderungssituationen verspricht.

Ein funktionstüchtiges und produktives Selbstkonzept resultiert aus dem zuverlässigen Wissen über sich selbst. Für die Weiterentwicklung des eigenen Humankapitals ist die Reorganisation des Selbstkonzepts Voraussetzung.

These 4 Für nachhaltige Selbstentwicklung braucht man autobiographisches Bewusstsein und eine Entwicklungsstrategie

Die Motivation, sich weiterzuentwickeln resultiert vor allem aus autonomen Regulationsprozessen, in denen Kognitionen, Emotionen, Verhaltensmuster einer Person in ihrem autobiographischen Bewusstsein (Damasio 2001) zusammenwirken. Das autographische Bewusstsein kann man sich vorstellen als einen Kohärenzsinn für ein optimistisches sinnstiftendes Selbst- und Weltbild (Antonovsky 1997). Es richtet die Aufmerksamkeit auf die Notwendigkeit von Veränderung aus und ermöglicht es, Erfahrungen zu erinnern, Selbsteinschätzungen vorzunehmen, Erfolgsaussichten zu bewerten und Vorstellungen von den eigenen Entwicklungsmöglichkeiten, Zielen, Chancen und Risiken zu entwickeln. Der Entschluss, sich weiterzuentwickeln wird vom autobiographischen Bewusstsein mit einem Optimismus-Bonus unterstützt, mit dessen Hilfe man die eigenen Zukunftsaussichten vielversprechend rosig sieht und man sich für besser und potentiell für befähigter hält als der Durchschnitt.

Dieser „Above-average-Effekt" (Kruger u. Dunning 1999), der in zahleichen Studien vielfach bestätigt ist, dient der Zufriedenheit und Selbstbestätigung und schafft die Überzeugung, dass unabhängig von den tatsächlichen eigenen Fähigkeiten und Mitteln sich die eigene Weiterentwicklung lohnt. Bei Anforderungen und Hindernissen für berufliche und persönliche Weiterentwicklung aktiviert das autobiographische Bewusstsein die für die Anforderungssituation wichtigen Inhalte, Gefühle, mentalen Problemlösungsmuster und Strategien, die sich in der eigenen Vergangenheit als erfolgreich erwiesen haben. Damit werden Ziele und Strategien der Selbstentwicklung intuitiv und mit „Bauchgefühl" herausgefunden. Hierin unterscheiden sich Personen deutlich und damit auch hinsichtlich ihrer Veränderungsmotivation, Entwicklungsbereitschaft und Entwicklungsfähigkeit

These 5 Neue Wissensstrukturen und spezifische Kompetenzbündel entstehen durch strategische Selbstorganisation und langfristige Zeitwahrnehmung

Die Revision von veraltetem und die Bildung von neuem Humankapital, das den Anforderungen und Prozessen der veränderten Arbeitswelt angemessen ist, ist ein Selbstlernprozess. Selbstorganisation ist dafür die richtige Strategie. Für mentale

Selbstorganisation zur Weiterentwicklung des Humankapitals gelten die nachfolgenden Empfehlungen.

1. Verstehen Sie sich auf der Grundlage eines aufgeklärten und optimistischen Selbstkonzepts als „Humankapitalist" und sehen Sie die persönliche Weiterentwicklung als ein strategisches Projekt an, mit dem Ziel, anforderungsbezogen neue Wissensstrukturen und spezifische Kompetenzbündel im eigenen Humankapital zu schaffen. Dieses Selbstkonzept löst das Maß an Handlungsorientierung und Erfolgserwartung aus, das notwendig ist, um die Entwicklungsziele nachhaltig verfolgen zu können.

2. Für den Entwurf eines realistisches Entwicklungsprogramms geht man von der eigenen Biographie, seinen Erfahrungen und Selbsterkenntnissen aus.

3. Zur Unterstützung und Reflektion des Programms und der Entwicklungsstrategie kann man Experten der Personalentwicklung heranziehen oder ein persönliches und berufliches Coaching durch professionelle Berater nutzen im Sinne von Hilfe zur Selbsthilfe.

4. Um auf Erfolgskurs in der Entwicklung zu bleiben ist es notwendig, gedanklich und gefühlsmäßig zielgerichtet zu handeln, dabei Zielabweichungen zu erkennen, Ziele und das Programm dann zu korrigieren, wenn sich der innere oder äußere Umweltkontext und damit Entwicklungsperspektiven verändern. Für gute Entwicklungsprozesse sind Versuch und Irrtum unabwendbare reguläre Bestandteile, die der Informationsunsicherheit und der Mehrdeutigkeit von Situationen geschuldet sind.

5. Entwicklung braucht nicht nur Zeit, sondern verlangt vom Individuum ein gutes Zeitgefühl für das richtige Tempo im Entwicklungsprozess und die Fähigkeit, Zeitpunkte und Zeiträume für Chancen und Risiken zu erkennen. Die Ausdauer in einem Lernprozess wird wesentlich von der Zeitwahrnehmung und dem Zeiterleben bestimmt (Jaques 1978). Personen, die kurzfristig denken, werden wenig Zeit und Anstrengung in die Entwicklung ihrer Person und ihres Humankapitals investieren. Zukunftsfähigkeit erfordert qualitatives Wachstum. Das verlangt langfristige Investitionen in Bildung, Erfahrungsbildung und Lernen. Gute Beispiele für die Bedeutung von langfristigen Zeithorizonten für Entwicklung und Fortschritt geben Unternehmensgründer, Wissenschaftler, Künstler, Erfinder und solche Menschen, die persönlich, gesellschaftlich und beruflich Entwicklungen bewegt haben.

6. Bei der Entwicklung des eigenen Humankapitals geht es um Expertise als Ausweis des Wissens und Könnens und damit um die Erweiterung von hinderlichen „Engpässen". Fach, Führungs-oder Beratungsexpertise entsteht, wenn Wissens- und Kompetenzengpässe planvoll und selbstorganisiert beseitigt werden

für einen Zuwachs an Quantität und Qualität des Humankapitals. Expertise ist nicht angeboren, sondern eine Bildungsrendite aus Investitionen in Selbstentwicklung, aus Lernen und Nutzung von Potentialen.

7 Die Weiterentwicklung gelingt dem Individuum, wenn sein Entwicklungsprogramm und der Realisierungsplan die günstigste Konstellation und die beste Balance darstellt zwischen persönlichen Potentialen, der Veränderungsnotwendigkeit und den Umweltbedingungen.

These 6 Aus der klassischen Personalentwicklung in Unternehmen wird das Management von individuellem Humankapital

Betriebswirtschaftlich betrachtet bringen Mitarbeiter in ihr Unternehmen ihr Humankapital als Wertschöpfungsressource ein und erwarten daher einen Return ihres Investments von Motivation, Wissen und Können in Form von persönlicher Arbeitszufriedenheit, Anerkennung, Entwicklungsmöglichkeiten und finanziellem Gewinn (Rachbauer u. Welpe 2004). Dem klassischen Personalmanagement fehlt die moderne Humankapitalperspektive, nicht zuletzt deshalb, weil das Selbstkonzept „alter" Personalmanager nicht genügend aufgeklärt und ihr eigenes Humankapital veraltet ist.

Selbstorganisierte Mitarbeiter/innen, die den Wert ihrer Expertise kennen und ihre Weiterentwicklung selbst steuern, wollen keine betreuende Personalentwicklung oder Weiterbildungsangebote im herkömmlichen Sinn. Selbstbewusste, veränderungsbereite und mobile Individuen möchten individuell gefordert werden, ihre intellektuellen, sozialen und moralischen Potentiale nutzen und stärken. Das ist anspruchsvoll und kann erst geleistet werden, wenn Personalentwickler selbst das Selbstkonzept von „Humankapitalisten" haben, Trendsignale und Entwicklungen vorhersehen und so strategisch die Aktivitäten vorbereiten, mit denen die besten Mitarbeiter gewonnen und gebunden werden können. Erst wenn Personalentwickler effizient in eigener Sache sind und ihren Wertbeitrag für Wachstum und Entwicklung des Individuum und zur Profilierung des Unternehmens belegen, werden sich Status und Ansehen von Personalfunktionen und Personalentwicklung in deutschen Unternehmen deutlich verbessern. Personalentwicklung, die das Humankapital der Mitarbeiter/innen effektiv steuern will, braucht hier strategische Partnerschaften sowohl mit den Individuen als auch mit den Abteilungen im Unternehmen.

Für administrative Aufgabenerledigung im Personalmanagement brauchen Unternehmen ein Service Center. Für das Management und die Entwicklung von individuellem Humankapital der Mitarbeiter/innen brauchen Unternehmen ein Expertise Center und ein Center of People Excellence.

Literatur

Antonovsky, A.: Salutogenese. Zur Entmystifizierung der Gesundheit. Tübingen, (1997).

Barney, J. B.: Firm resources and sustained competitive advantage. In: Journal of Management 17(1), 99 – 120, (1991).

Damasio, A.: Ich fühle, also bin ich. Die Entschlüsselung des Bewusstseins. München, (2001).

Friedman, T. L.: The world is flat. A brief history of the twenty first century. New York, (2006).

Fiske, S.; Taylor, S.: Social cognition 2nd ed. New York, (1991).

Rachbauer, S.; Welpe. I.: Human-Capital-Management statt Human-Resource-Management. Notwendigkeit und Vorteile einer neuen Philosophie. In: M. Dürndorfer; P. Friedrichs (Hrsg.): Human Capital Leadership. Hamburg S. 139 – 162, (2004).

Quo vadis Quote? Gerechtigkeitstheoretische Überlegungen zur Einführung einer Frauenquote im Top-Management

Britta Thege

1 Abstract

Ausgehend von der Annahme, dass ungeachtet aller formalen Gleichheitsgrundsätze die Ausgangslage für Frauen und Männer in Top-Führungspositionen der deutschen Wirtschaft zu gelangen, nicht die gleiche ist und Männer bevorzugt werden, argumentiert der Beitrag unter Nachzeichnung der politischen Debatte von Anfang 2013 für die gesetzliche Einführung einer festen Frauenquote unter dem Blickwinkel der Gerechtigkeitskonzeption Nancy Frasers.

Wenn wir also mehr Frauen im Topmanagement brauchen, dann nicht, weil sie die besseren Menschen sind; es geht vielmehr um die Durchsetzung der Gleichberechtigung zwischen beiden Geschlechtern in diesem Rückzugsgebiet männlicher Alleinherrschaft, in dem sich Rollenbilder erhalten haben, die einfach nicht mehr zeitgemäß sind.

(Anonyma 2013, S. 160)

2 Die aktuelle Debatte um die Frauenquote

In Michael Endes Jugendroman „Die unendliche Geschichte" wird das Land Phantasien durch das Nichts zerstört. Die schwer erkrankte Herrscherin Phantasiens, die kindliche Kaiserin, bedarf dringend eines Heilmittels, um das Land vor dem Untergang zu retten, was schließlich durch das Menschenkind Bastian Bux geschieht. Er erschafft mit seinen Wünschen die Welt Phantasiens nach seinen Vorstellungen neu. In der unendlichen Geschichte, die Gleichstellung der Geschlechter in der Privatwirtschaft voranzutreiben, wurde immer wieder angesichts des über Jahrzehnte konstant geringen Anteils von Frauen in Topgremien der Wirtschaft die Einführung einer festen oder zuletzt einer „Flexi" Frauenquote – sozusagen als Heilmittel – gefordert,[1] jedoch nie von der Politik beschlossen. Doch nun kommt sie offenbar doch, die Frauenquote, wenn auch erst viel später und nicht per Gesetz – als Kompromisslösung von Kanzlerin Merkel verordnet, um die Koalition vor dem Untergang zu retten, nach dem „Aufstand" einiger Abgeordneter vor der Bundestagsabstimmung im April 2013. Die Union hat die Forderung nach einer Quote in ihr Wahlprogramm aufnehmen müssen: Ab 2020 sollen 30 Prozent der Aufsichtsratssitze in DAX-Unternehmen an Frauen vergeben werden. Da 30 Prozent allgemeinhin als Schwellenwert bzw. die kritische Masse gilt, mit der tatsächlich Veränderungen eingeleitet werden können, mag die Welt zumindest in den deutschen Aufsichtsratsetagen ab 2020 neu erschaffen werden.

Was war passiert? Im September 2012 verabschiedete der Bundesrat auf Initiative der rot-grün regierten Länder sowie der CDU-geführten großen Koalitionen des Saarlands und Sachsen-Anhalts einen vom Land Hamburg eingebrachten Gesetzentwurf zur Einführung einer Frauenquote, wonach ab 2018 mindestens 20 Prozent und ab 2023 mindestens 40 Prozent der Aufsichtsratsitze von Frauen besetzt werden sollten. Die Zustimmung der schwarz-gelben Regierungskoalition zu dem Gesetzentwurf galt als unwahrscheinlich und erwartungsgemäß lehnte der Bundestag im April 2013 den Antrag auf Einführung einer verbindlichen Frauenquote für Aufsichtsräte börsennotierter Unternehmen ab. Doch diesmal verlief nicht alles reibungslos. Anders als in der Vergangenheit gab es einen kurzen Moment der Unsicherheit vor der Abstimmung im Bundestag, nachdem eine Gruppe von Bundestagsabgeordneten aus allen Fraktionen einen Antrag vorgelegt hatte, mit dem die Einführung der Frauenquote vorbereitet werden sollte. Plötzlich schien es möglich, eine fraktionsübergreifende Mehrheit für die Quote erreichen zu können. 21 Abgeordnete aus den Regierungsfraktionen wären dazu nötig gewesen. In der Presse war prompt von einer möglichen Regierungskrise die Rede, von einem „Aufstand", einem „geplanten Coup". Schnell musste Kanzlerin Merkel, um die Abweichler/innen einzufangen, einen Kompromiss zur Abwendung der Krise finden und nahm die Absichtserklärung der 30-Prozent-Quote für Aufsichtsratsitze ins CDU-Wahlprogramm auf.

Auch wenn ein Wahlprogramm kein Gesetz ist, der Druck auf die Wirtschaft hat sich in den letzten Monaten deutlich erhöht. Zwar sind es bis 2020 noch gut sieben Jahre, in denen sich Unternehmen mehr oder weniger bemühen können, ihre Frauenanteile in den Spitzengremien zu erhöhen, doch scheinen inzwischen, laut dem Institut der Deutschen Wirtschaft (DIW), die DAX-30-Unternehmen diesbezüglich bereits eine größere Dynamik zu entwickeln. Aktuell ist der Anteil der weiblichen Aufsichtsräte und Vorstände bei den Dax-30-Unternehmen höher als bei den Top-200-Unternehmen insgesamt und sind in den 30 größten Konzernen laut DIW-Managerinnen-Barometer 2013 fast acht Prozent der Vorstände weiblich – tatsächlich ist auch das ein noch immer sehr geringer Anteil gemessen am Anteil hochqualifizierter Frauen an der Bevölkerung – und in den Aufsichtsräten knapp 20 Prozent (vgl. Holst; Schimeta 2013).[2] Hinsichtlich der geringen Repräsentanz von Frauen in Top-Positionen der Privatwirtschaft insgesamt aber gab und gibt es bisher wenig Neues zu berichten, nach wie vor handelt es sich um Einzelbesetzungen:

„In den letzten Jahren zog in einigen Unternehmen erstmals eine Frau in den Vorstand ein. Diese Einzelbesetzungen vermochten jedoch nicht den Frauenanteil in den Vorständen der Top-200-Unternehmen insgesamt wirkungsvoll zu erhöhen: Er lag Ende 2012 bei den knapp 1000 Vorstandsmitgliedern mit durchschnittlich vier Prozent noch immer auf einem sehr niedrigen Niveau. Den 39 Frauen stand eine überwältigende Mehrheit von 931 Männern gegenüber. Im Vergleich zum Vorjahr nahm der Frauenanteil in den Vorständen der Top-200-Unternehmen um einen Prozentpunkt zu" (ebda., S. 4).

Das gilt auch für Aufsichtsräte, die seit langem einen höheren Frauenanteil als die Vorstände aufweisen, vor allem aufgrund der Arbeitnehmer/innen-Mitbestimmung (vgl. ebda., S. 5). Nach dem aktuellen Women-on-Board-Index von FidAR (Frauen in die Aufsichtsräte e.V.) betrug die Zahl der Frauen in Aufsichtsräten und Vorständen der 160 im DAX, MDAX, SDAX und TecDAX notierten Unternehmen zum 31. März 2013 16,2 Prozent in Aufsichtsräten und 5,9 Prozent in Vorständen (gegenüber 12,8 Prozent bzw. 3,4 Prozent im Januar 2012).[3]

Wie aber erklärt sich die über Jahrzehnte konstant geringe Repräsentanz von Frauen in Vorständen und Aufsichtsräten: Wollen Frauen diese Positionen und Ämter nicht oder können sie diese nicht zufriedenstellend ausfüllen? Forscherinnen des DIW interpretieren die geringen Zuwächse des Frauenanteils in den Spitzengremien der deutschen Wirtschaft als „hohe[s] Beharrungsvermögen männlicher Monokulturen" (Holst; Busch; Kröger 2012, S. 133). Tatsächlich spricht einiges dafür. Fakt ist: Je höher ein Mann in der Hierarchie aufsteigt, desto wahrscheinlicher ist es, dass er nur noch Männer über und neben sich hat (vgl. Rastetter 1994, S. 255). Dabei ist belegt, dass Männer wie Frauen gleichermaßen aufstiegs- und karrieremotiviert sind; eine Tatsache, die die Schlussfolgerung nahelegt, dass Karrierechancen auch heute noch stark durch das Geschlecht bestimmt und ungleich verteilt werden. *„Dass Frauen in diesem exklusiven Männerclub grundsätzlich nicht willkommen sind, wird niemanden überraschen. Wer als Frau dort oben ankommt, wird zur unerwünschten Konkurrenz ... "* (Anonyma 2013, S. 159).

Auch die Befürworter/innen der Quotenregelung, wie beispielsweise der Deutsche Juristinnenbund (djb), fassen die Unterrepräsentanz von Frauen in Vorständen und Aufsichtsräten von Großunternehmen als Folge geschlechtsbezogener Diskriminierung auf. Sie sind überzeugt, dass nur eine verbindliche, gesetzliche Quotenregelung zur Erhöhung des Frauenanteils in Führungsgremien privatwirtschaftlicher Unternehmen und dem Durchbrechen der gläsernen Decke führen werde und sehen die Quote verfassungsrechtlich sowohl nach dem deutschen

Grundgesetz (Art. 3 Abs. 2 GG) als auch europarechtlich (Art. 14 Abs. 1 und
Art. 3 Gleichbehandlungsrichtlinie 2006/54/EG) als unbedenklich. Da sich nach
dieser Ansicht ohne Quote weder der Anteil der weiblichen Aufsichtsratsmitglieder noch die der weiblichen Führungskräfte in Spitzenpositionen in absehbarer
Zukunft signifikant erhöhen werde, sei die Frage nach Gleichstellung und Quotierung „keine juristische und auch keine wirtschaftliche Frage mehr, sondern
bedarf einer politischen Entscheidung", so die Sozialwissenschaftlerin Gisela
Notz in ihrer Stellungnahme zur öffentlichen Anhörung des Rechtsausschusses
des Deutschen Bundestages am 16. Januar 2013.

Doch eine breite politische Unterstützung für die Quote lässt bis heute auf sich
warten.[4] Warum die politischen Vertreter und Vertreterinnen im deutschen Parla-
ment noch nie eine Mehrheit für eine Quotenregelung finden konnten oder wollten
bzw. stets gegen die Einführung einer gesetzlichen Frauenquote stimmten, ist – so
steht es zu vermuten – den engen Verflechtungen von Wirtschaft und Politik und
dem Einfluss der Lobbyisten auf die Politiker/innen zuzuschreiben. Der zuletzt
gefundene Kompromiss, ab 2020 eine Frauenquote in Aufsichtsräten anzustreben,
ist tatsächlich nicht mehr als eine Absichtserklärung, die bis dahin möglicherweise
schon von der Realität überholt worden sein könnte. Als erster deutscher Groß-
konzern hat sich die Telekom bereits im Jahr 2010 freiwillig verpflichtet, bis 2015
weltweit 30 Prozent aller Spitzenjobs mit Frauen zu besetzen und andere börsen-
notierte Unternehmen ziehen inzwischen nach. Dass die Erfolge bislang dennoch
nur als marginal zu bezeichnen sind, wurde oben beschrieben – warum dann soll
in der Bundesrepublik noch sieben Jahre ausgeharrt werden und die Quote sowie-
so nur für Aufsichtsräte gelten? Man könnte dahinter eine Absicht vermuten.

3 Heilmittel Frauenquote? Andere Länder, andere Sitten!

Eine besonders starke Argumentationslinie bietet den Quoten-Befürworter/innen
der Vergleich mit Nachbarländern, die die Quote bereits eingeführt haben. Während freiwillige Selbstverpflichtungen bislang in keinem Land zu einer signifikanten
Steigerung des Frauenanteils in Führungspositionen geführt haben, sind Erfolge in
Ländern, die eine Quotenregelung in Übereinstimmung mit geltendem EU-Recht
verabschiedet haben, deutlich sichtbar. Als Paradebeispiel gilt Norwegen, das als
erstes Land der Welt eine Geschlechterquote von 40 Prozent für die Verwaltungsräte
aller Aktiengesellschaften eingeführt hat (vgl. Storvik u. Teigen 2010). 2011 folgten
Österreich, Island, Belgien, die Niederlande und Italien dem Beispiel Norwegens
und führten ebenfalls Quotenregelungen ein. Ein bedeutsames Argument für die
Einführung einer Frauenquote ist, dass aus keinem der Länder mit Quotenregelung

Probleme gemeldet worden sind, auch nicht seitens der Arbeitgeber. Allerdings ist die erfolgreiche Umsetzung des Quotengesetzes nicht zuletzt auch auf die Androhung harter Sanktionen (ebda., S. 3) wie der Zwangsauflösung des Unternehmens, der Verweigerung der Aufnahme ins Unternehmensregister oder einer Geldstrafe zurückzuführen. Ferner stellte es auch kein Problem dar, geeignete Frauen für die Besetzung der Posten zu finden – ein häufig vorgebrachtes Argument der Quoten-Gegner/innen. Dem Argument, es gäbe in Deutschland zu wenige für diese Funktionen qualifizierte Frauen, wirkt das Harriet Taylor Mill Institut für Ökonomie und Geschlechterforschung der Hochschule für Wirtschaft und Recht Berlin bereits aktiv mit einer Weiterbildungsmaßnahme entgegen.[5]

Die Quote hat sich als ein wirksames geschlechterpolitisches Instrument in den Ländern erwiesen, in denen sie bisher verbindlich eingeführt wurde, ökonomische oder personalpolitische Katastrophen sind aus keinem Land bekannt. Doch wie *gerecht* ist die Quotenregelung? Handelt es sich um ein Phänomen sozialer Gerechtigkeit, das einer Geschlechterdiskriminierung und massiven männlichen Dominanz in Führungspositionen sowie langlebigen diskriminierenden organisationalen Strukturen vergleichsweise schnell entgegen wirken kann – wie zuerst in Norwegen geschehen – oder bedeutet sie eine unrechtmäßige Ungleichbehandlung und Diskriminierung von Männern (ebda., S. 6 f.) – wie von den Quoten-Gegner/innen angeführt?

4 Ist die Frauenquote eine zu rechtfertigende Politik? – Versuch einer Antwort mit Nancy Fraser

Gerechtigkeit ist ein Schlüsselbegriff in der politischen, rechtlichen und moralphilosophischen Theorie; im Mittelpunkt stehen Fragen der Verteilung und Gleichheit. Im hier erörterten Kontext und unter der Perspektive der sozialen Konstruktion von Geschlecht steht die Streitfrage, inwieweit die Idee der Quotenregelung zur Herstellung von Gleichheit (hier: der Geschlechter) gerechtfertigt ist, die Diskriminierung der einen Gruppe damit aufzuheben, dass die bisher privilegierte Gruppe eine Zeitlang zugunsten eines höheren Gesamtnutzens diskriminiert wird. Von den zahlreichen Positionen in der Gerechtigkeitsdebatte wird im Folgenden mit dem Gerechtigkeitsansatz von Nancy Fraser im Hinblick auf diese Problemstellung argumentiert.

Frasers Ansatz umschließt zwei Elemente sozialer Gerechtigkeit, nämlich *Umverteilung* (im Sinne der Ökonomie) und *Anerkennung* (im Sinne der Kultur), „um so die Ungerechtigkeit aus beiden Perspektiven her anzufechten" (Fraser 2003, S. 127). Die beiden Aspekte durchdringen sich gemäß Fraser wechselseitig und wirken bei der

Entstehung von Ungerechtigkeit zusammen. Nur ihre integrative Betrachtung erlaube es, die wachsende Verzahnung von sozialen Ungleichheiten und Statushierarchien zu analysieren (ebda., S. 9; S. 54 ff.). Gesellschaftstheoretisch versteht sie Umverteilung und Anerkennung also im Sinne eines perspektivischen Dualismus (ebda., S. 84 ff.). Moraltheoretisch schlägt Fraser ein Statusmodell der Anerkennung vor, gemäß dessen sich Menschen als Ebenbürtige begegnen. Während eine gelungene Anerkennung in der wechselseitigen Anerkennung der Gleichheit des Status besteht, besteht mangelnde Anerkennung in einer statusmäßigen Benachteiligung. Politisch-strategisch schließlich regt sie *nichtreformistische Reformen* als Weg zu grundlegendem institutionellen Wandel an (ebda., S. 108 ff.).

Den normativen Kern von Frasers Konzept bildet die Vorstellung einer *partizipatorischen Parität*, deren Erfüllung von zwei Bedingungen abhängt, die Fraser mit den Begriffen der *objektiven* und der *intersubjektiven* Bedingung *partizipatorischer Parität* fasst. Zum einen muss die Verteilung materieller Ressourcen die Unabhängigkeit und das „Stimmrecht" der Partizipierenden gewährleisten (objektive Bedingung partizipatorischer Parität), zum anderen müssen institutionalisierte kulturelle Wertmuster allen Partizipierenden den gleichen Respekt erweisen und Chancengleichheit beim Erwerb gesellschaftlicher Achtung gewährleisten (subjektive Bedingung partizipatorischer Parität) (ebda., S. 55). Schließlich stellt sich die Frage, wie die Norm der *partizipatorischen Parität* legitimiert und mit Inhalten gefüllt wird. Dies, so Fraser, sei das Ergebnis eines *dialogischen und diskursiven Prozederes* und werde vermittels eines *demokratischen Verfahrens öffentlicher Debatten* sichergestellt. Zur Umsetzung der von ihr geforderten *nichtreformistischen Reformen* müssten Politiken der Umverteilung und der Anerkennung miteinander verbunden werden.

Für Fraser nun ist *gender* eine Kategorie, die das Kriterium der Klasse mit dem des Status verbindet, wobei sowohl ökonomische Benachteiligung als auch mangelnde Anerkennung fundamental seien. Auch Ungerechtigkeiten in Bezug auf *gender* stellten die Frage nach Verteilung und Anerkennung. *Gender* als ein grundlegendes Organisationsprinzip des kapitalistischen Wirtschaftssystems (z.B. gekennzeichnet durch die getrennten Sphären der Produktion und Reproduktion) sei ungerecht in puncto Verteilung, ähnlich des Klassenunrechts. Zugleich sei *gender* auch eine Statusunterscheidung und mithin vor die Problematik der Anerkennung gestellt, die Kultur sei durchdrungen von Gendercodes, Interpretations- und Bewertungsschemata, die die Statushierarchie prägen (ebda., S. 33).

„Daher ist Androzentrismus ein wesentliches Merkmal gender-spezifischer Ungerechtigkeit. Ein institutionalisiertes Schema kulturellen Werts, das maskulin besetzte Charakteristika privilegiert, während es alles entwertet, was ‚weiblich' codiert ist, was

heißt: in erster Linie, aber nicht ausschließlich Frauen. Allerorten institutionalisiert, prägen androzentrische Werteschemata ein breites Feld sozialer Interaktion" (ebda., S. 33 f.; Hervorhebung im Original).

Und, so führt Fraser weiter aus, unterwürfen diese Wertschemata Frauen einer geschlechtsspezifischen Form der Statushierarchie, die sie beispielsweise in Entscheidungsgremien marginalisiere oder von vorn herein ausschließe. „Diese Art Schädigung entspricht der Ungerechtigkeit mangelnder Anerkennung" (ebda., S. 34). Es stellt sich mithin die Frage, inwiefern die Marginalisierung von Frauen im Topmanagement auf Androzentrismus zurückzuführen ist.

5 Mangelnde Anerkennung von Frauen im Topmanagement!

Verstehen wir das Management als sozialen Raum, in dem (inter-)subjektive Anerkennungsverhältnisse konstituiert werden, ist der Blick auf jene Strukturen zu richten, die Anerkennung gewährleisten oder verwehren. Setzt man dem Gedanken fort, dass Unternehmenskulturen in der Regel androzentrisch, d.h. von männlichen Lebens- und Wertperspektiven geprägt sind, lassen sich strukturelle Barrieren für Frauen wesentlich auf den Kulturen zugrunde liegende Mentalitätsmuster zurückführen (vgl. Welpe; Thege 2011, S. 42 f.). Einen aufschlussreichen Einblick in Mentalitätsmuster gibt die repräsentative und durch qualitative Interviews gestützte Untersuchung von Wippermann (2010) zu Karrierechancen und -blockaden von Frauen in Führungspositionen. Dort wird nachgewiesen, dass Männer massive informelle und kulturelle Bollwerke in den von ihnen dominierten Führungsebenen gegenüber Frauen errichten. Die Studie identifiziert in den Köpfen der Männer vielfältige, miteinander verschränkte Vorbehalte gegen Frauen in Führungspositionen. Dadurch agieren Männer – zum Teil unbewusst – als „Hüter der gläsernen Decke". Zwar gäbe es durchaus eine Akzeptanz von Frauen in Führungspositionen. Diese *gender-political-correctness* aber erhöhe bei der konkreten Entscheidung für die Besetzung einer Führungsposition die Chance einer Kandidatin auf eine solche Position nicht. Überrascht zeigt sich Wippermann über den Befund, dass kompetente Frauen einerseits wertgeschätzt würden, andererseits aber männliche Führungskräfte nach Gründen suchten, warum Frauen für Spitzenpositionen ungeeignet seien. Laut der Studie bestehen die größten Widerstände gegen mehr Frauen in Aufsichtsräten bei Männern ab 50 und bei Männern, die selbst Vorstandsmitglied sind oder Stabsstellenverantwortung innehaben (ebda., S. 12). Mit anderen Worten: Bestimmte stereotype Bilder von Männlichkeit und Führung, Bedrohungsgefühle durch das „Fremde", nämlich das „Weibliche" oder schlicht die Angst vor Konkurrenz versagen Frauen bis heute die Anerkennung und versperren ihnen den Zugang zu (Top)Führungspositionen in der Wirtschaft. Eine weitere interessante Einsicht in diesem Kontext liefert eine Untersuchung Dopplers (2005), die unter der Perspektive des Männerbundes komplexe Schließungsmechanismen im Management identifiziert. *„Die organisationale Führungsebene weist männerbündische Muster und Strukturen auf, die den Zugang von Frauen und marginalisierten Männlichkeiten wesentlich beeinflussen"* (ebda., S. 45). Zu den Schließungsmechanismen zählen ein maskulinistisches Männerbild und Führungskraftstereotyp, charakterisiert durch Willenskraft, Entscheidungsstärke, Durchsetzungsvermögen und Überlegenheitsstrategien, hierarchische Binnenstrukturen, Anciennitätsprinzip, Gehorsams- und Loyalitätsanforderungen sowie eher subtile Ausschlussmechanismen wie die „long hours culture", aber auch solche informellen Bereiche wie Bars, Lokale, Sportarten (z.B. Angeln, Hockey, Golf), von denen Frauen ausgeschlossen bleiben (Rastetter 1994; 2005).[6] In dieser Gruppenharmonie stören Frauen qua Geschlecht, nicht selten wird in den homosozialen Gruppen das Weibliche abgewehrt und abgewertet.

Aus diesen kurz skizzierten Befunden lassen sich strukturelle Barrieren für Frauen auf dem Weg nach oben wie folgt zusammenfassen: Wesentliche Stolpersteine sind

• geschlechterbezogene Stereotypisierung und Diskriminierungen,
• der maskuline und homosoziale Charakter von Organisationen und
• strategisch agierende Männerbünde in Organisationen.

Verstärkend hinzu kommt der Umstand, dass über den Aufstieg von Frauen in der Regel ältere und ranghöhere Männer entscheiden sowie fehlende Genderkompetenz im Personalmanagement und schließlich auch genderkonforme Selbstkonzepte von Frauen, die hinderlich wirken (vgl. Welpe u.Thege 2011).

In einer androzentrisch geprägten Organisationskultur beruhen Rekrutierungsstrategien für höhere Managementpositionen wesentlich auf der Nutzung von (informellen) Netzwerken der Männer mit spezifischen Ritualen und Regeln und weniger auf Leistungskriterien (ebda., S. 40). „Wenn Positionen nicht mit den am besten geeigneten männlichen Personen besetzt und bestens geeignete Frauen zurückgewiesen werden, dann ist das ein Indikator für eine *genderunfaire Organisationskultur"* (ebda., S. 58; Hervorhebung im Original).

Um solchen Androzentrismus zu überwinden, müsse, laut Fraser, die *gender*spezifische Statushierarchie verändert werden, die sexistischen Werteschemata ihrer institutionalisierten Geltung beraubt und durch Muster ersetzt werden, die Frauen auf gleiche Weise respektierten (Fraser 2003, S. 34; S. 101). „*Gender*-spezifischer

Ungerechtigkeit kann deswegen nur mit einem Verfahren gegengesteuert werden, das eine Politik der Umverteilung mit einer Politik der Anerkennung verbindet" (ebda., S. 35; Hervorhebung im Original). Im Hinblick auf ihre Frage, welche Strategien man der Gerechtigkeit zuliebe verfolgen sollte, unterscheidet Fraser zwischen *Affirmation* und *Transformation* (ebda., S. 101f.). Während erstere die Ergebnisse von Anerkennung und Verteilung, nicht jedoch die Strukturen, die ihnen zugrunde liegen, verändert, verändert letztere die tieferliegenden Strukturen (ebda., S. 35 f.).[7]

6 Wie (un)gerecht ist die Quote?

Sofern politische Forderungen zur Verwirklichung der partizipatorischen Parität beitragen und das Verhältnis von Anerkennung und Verteilung neu strukturiert wird, sieht Fraser in ihnen unterstützenswerte Anliegen. Die geringere Zahl von Frauen in Führungspositionen ist nachgewiesenermaßen nicht mit Leistungsunterschieden der Geschlechter zu begründen. Will man also eine gerechtere Repräsentanz von Frauen in Führungspositionen im Allgemeinen und im Top-Management im Besonderen vor dem Jahr 2020 sowie daraus resultierend sich verändernde Organisationsstrukturen und Karrieremuster verwirklichen, so ist die Forderung nach einer festen Frauenquote angesichts der jahrelangen Stagnation in diesem Bereich nicht nur gerechtfertigt, sondern weiterhin aufrecht zu halten. Nur unter dem Druck der Quote bzw. der Androhung ihrer Einführung und möglicher Sanktionen scheint sich in Deutschland überhaupt etwas zu bewegen.

Die rein zahlenmäßige Verbesserung in der Repräsentanz von Frauen in Führungspositionen und im Top-Management wird nicht folgenlos bleiben. Anzumahnen ist die Auflösung des Stereotyps „Mann = Manager" bei der Beurteilung von Potenzialen und Kompetenzen von (Top)Führungskräften. Obgleich Geschlechterstereotype über lange Zeit stabil und weitgehend invariant sind, ist ein solcher Mentalitätswandel zu erwarten – ob allerdings bereits bis zum Jahr 2020 dürfte fraglich sein. Angesichts der ökonomischen, sozialen und politischen lokalen wie globalen Herausforderungen werden Unternehmen, die zukunftsfähig sein wollen, bei der Rekrutierung auf Führungspositionen künftig stärker als bisher auf Talentpools zurückgreifen müssen, in denen Geschlecht keine Rolle spielt und die anstelle der old-boys-networks und ihrer Rituale treten. Die Quote ist ein probates Mittel, um derlei Entwicklungen zu beschleunigen. Tiefgreifende Erfahrungen bezüglich einer transformativen Wirkung der Frauenquote stehen derzeit noch aus. Allerdings werden Gerechtigkeitsdefizite und Fragen der Chancengleichheit sowie statusorientierte Kämpfe um Anerkennung (im Sinne Frasers) – nicht nur der Geschlechter – künftig den Transformationsdruck auf die und in den Unternehmen erhöhen und strukturellen Wandel erzwingen.

Literatur

Anonyma: Ganz oben. Aus dem Leben einer weiblichen Führungskraft. München, (2013).

Doppler, D.: Männerbündisches Management – Verbündete Manager. Der Männerbund als komplexer Schließungsmechanismus im organisationalen Management. IFF info – Zeitschrift des interdisziplinären Zentrums für Frauenforschung und Geschlechterforschung, 22 (30). Universität Bielefeld, S. 35 – 47, (2005).

Fraser, Nancy: Soziale Gerechtigkeit im Zeitalter der Identitätspolitik. Umverteilung, Anerkennung und Beteiligung. In: Axel Honneth und Nancy Fraser: Umverteilung oder Anerkennung? Eine politisch-philosophische Kontroverse. Frankfurt a.M., S. 13 – 128, (2003).

Holst, E.; Busch, A.; Kröger, L.: Führungskräftemonitor 2012 – Update 2001 – 2010. Politikberatung kompakt 65, Deutsches Institut für Wirtschafsforschung. Berlin, (2012).

Holst, E.; Schimeta, J.: Frauenanteil in Topgremien großer Unternehmen in Deutschland nimmt geringfügig zu – DAX-30-Unternehmen mit größerer Dynamik. DIW Wochenbericht Nr. 3/2013 vom 16. Januar. Berlin, S. 3 – 14, (2013).

Rastetter, D.: Sexualität und Herrschaft in Organisationen. Eine geschlechtervergleichende Analyse. Opladen, (1994).

Rastetter, D.: Vergemeinschaftung contra Gleichstellung. Das Management als Männerbund, in: Krell, G. (Hrsg.): Betriebswirtschaftslehre und Gender Studies. Analysen aus Organisation, Personal, Marketing und Controlling. 1. Aufl., Wiesbaden, S. 247 – 266, (2005).

Storvik, A.; Teigen, M.: Das norwegische Experiment – eine Frauenquote für Aufsichtsräte. Friedrich-Ebert-Stiftung, Internationale Politikanalyse. Berlin, (2010).

Welpe, I.; Thege, B.: Karriereagenda für Frauen. Wie Geschlecht und Kommunikation über den Karriereerfolg entscheiden Angewandte Genderforschung/ Gender Research Applied, Band 5. Frankfurt am Main, Berlin, Bern, Bruxelles, New York, Oxford, Wien, (2011).

Wippermann, C.: Frauen in Führungspositionen. Barrieren und Brücken. Im Auftrag des Bundesministeriums für Familie, Senioren, Frauen, und Jugend. Heidelberg, (2010).

Endnoten

1 Zum Beispiel 2008 in der sog. Nürnberger Resolution oder 2011 der Berliner Erklärung.

2 Das Institut der Deutschen Wirtschaft (DIW) veröffentlicht regelmäßig Daten zur Repräsentanz von Frauen in den Vorständen und Geschäftsführungen sowie Aufsichts- und Verwaltungsräten der 200 größten privaten Unternehmen in Deutschland; ebenso dokumentiert der Woman-on-Board-Index von FidAR den Anteil von Frauen in Führungspositionen der im DAX, MDAX, SDAX und TecDAX notierten Unternehmen.

3 Vgl.http://www.fidar.de/webmedia/documents/wob-index/130331_WoB-Index_I_Internet.pdf (Abruf am 28.4.2013).

4 Auch SPD und Grüne hatten unter der Kanzlerschaft Schröders ihren Vorschlag für eine verbindliche Frauenquote zugunsten einer unverbindlichen Absichtserklärung, der „Vereinbarung zwischen der Bundesregierung und den Spitzenverbänden der deutschen Wirtschaft zur Förderung der Chancengleichheit von Frauen und Männern in der Privatwirtschaft" aus dem Jahr 2001, einst aufgegeben.

5 Von 2012 bis zum Sommer 2015 wird das Weiterbildungsprogramm „Strategische Kompetenz für Frauen in Aufsichtsräten" für Frauen, die bereits in Aufsichtsräten tätig sind oder die ein solches Mandat übernehmen wollen, erprobt. „Damit soll keinesfalls signalisiert werden, dass nur Frauen eine entsprechende Qualifizierung benötigen. Die Regierungskommission für gute Unternehmensführung (Deutscher Corporate Governance Kodex) hat 2010 – auch vor dem Hintergrund vieler Bilanz- und Korruptionsskandale – eine Empfehlung zur Weiterbildung für alle ausgesprochen: Es sei ‚grundsätzlich erforderlich, die Qualifikation von Aufsichtsräten allgemein zu erhöhen'. Kommissionschef Klaus-Peter Müller forderte daher eine Ausweitung der Weiterbildungsmaßnahmen und zwar sowohl für amtierende Aufsichtsratsmitglieder wie für zukünftige KandidatInnen."; http://www.harriet-taylor-mill.de/pdfs/aktuelles/docs/HTMI%20Flyer%20Strategische%20Kompetenz%20f%C3%BCr%20Frauen%20in%20Aufsichtsr%C3%A4ten.pdf (Abruf am 26.4.2012).

6 In diesem Kontext sei hingewiesen auf bekannt gewordene Affären wie die 2005 aufgedeckte VW-Affäre um Schmiergelder, Lustreisen für Betriebsräte, Partys und Bordellbesuche auf Firmenkosten oder der 2011 veröffentliche Skandal, wonach Mitarbeiter inklusive Vorstände der Hamburg Mannheimer-Versicherung (ERGO-Gruppe) in Budapest eine Sex-Party mit Prostituierten als Belohnung für gute Vertreterleistungen feierten (Arbeitstitel des internen Berichtes: „Party Total"). Ein weiteres, nicht genderspezifisches Schließungskriterium sei darüber hinaus ein elitärer klassenspezifischer Habitus, bestimmte Kleidungs- und Benimmvorschriften. „Die gehobenen gesellschaftlichen Schichten bleiben im männerbündischen Kern des organisationalen Top-Managements unter sich, die bündische Elite kann sich unbemerkt von der Öffentlichkeit fortlaufend reproduzieren" (Doppler 2005, S. 43).

7 In Bezug auf mangelnde Anerkennung, nennt Fraser beispielhaft als affirmativen Ansatz Mainstream-Multikulturalismus, als transformativen den der Dekonstruktion (von Differenz) (Fraser 2003, S. 103 ff.). Ferner können „Reformen, die abstrakt gesehen affirmativ erscheinen, [..] in einigen Kontexten transformative Wirkungen zeitigen, wenn sie nur radikal genug sind und konsequent verfolgt werden" (ebda., S. 108).

Viel Lärm um nichts? Warum Förderprogramme und Mentoring nicht ausreichen, um den Frauenanteil in Führungspositionen deutlich zu steigern

Isabelle Kürschner

1 Abstract

Trotz unzähliger Förder- und Mentoringprogrammen steigt der Anteil von Frauen in Führungspositionen nur langsam an. Wenn es so weiter geht wie bisher, wird auch bis zum Jahr 2022 nur jeder fünfte Vorstandsposten in europäischen Unternehmen von Frauen besetzt sein. Warum führen die Anstrengungen, für die zum Teil große Kosten und Mühen aufgebracht werden, nicht zum gewünschten Erfolg? Im folgenden Beitrag wird dargestellt, welchen Einfluss Karriereentwicklungs- und Mentoringprogramme für Frauen auf deren tatsächlichen Karriereverlauf haben und, ob es darüber hinaus andere, erfolgsversprechende Maßnahmen gibt.

2 Bisherige Förderprogramme bringen nicht die gewünschten Erfolge!

Obwohl das Thema Frauenförderung mittlerweile bei vielen Unternehmen weit oben auf der Agenda steht, nimmt der Anteil von Frauen in Führungspositionen weiterhin nur sehr langsam zu. Zwar ist in den letzten Jahren ein Anstieg zu verzeichnen – nicht zuletzt dank der öffentlichen Debatten und des daraus hervorgehenden politischen Drucks – doch wenn das Wachstum in dieser Geschwindigkeit fortschreitet, wird auch bis zum Jahr 2022 nur jeder fünfte Vorstandsposten in europäischen Unternehmen von Frauen besetzt sein (Ernst & Young 2012). Kein Wunder also, dass viele Unternehmen aktiv werden; teils freiwillig, weil sie den Mehrwert von gemischten Führungsteams erkannt haben, aber auch unfreiwillig, weil sie sich dem öffentlichen Druck beugen oder aber der Mangel an Fachkräften sie zwingt, ihren Talentpool zu erweitern.

Die Wege, die eingeschlagen werden, um den Frauenanteil zu steigern, sind vielfältig. Neben öffentlichen Bekenntnissen und Zielvereinbarungen setzen viele Unternehmen auf spezielle Förder- und Trainingsprogramme für Potentialträgerinnen. Auf diesem Weg sollen Frauen jene Fähigkeiten vermittelt werden, die für Führungskräfte als unverzichtbar gelten und über die sie angeblich weniger verfügen als Männer, die seit Jahrzehnten ganz selbstverständlich ihren Weg in die Führungsetagen gefunden haben. Darüber hinaus sollen Mentoringprogramme weiblichen Talenten die Möglichkeit bieten, im direkten Austausch mit erfahrenen Führungskräften – sowohl von Frauen als auch von Männern – zu lernen.

Aktuelle Studien (McKinsey 2012; Fraunhofer 2013) zeigen jedoch, dass die Maßnahmen, auf die bisher zur Erhöhung des Frauenanteils gesetzt wurde, nicht zum gewünschten Erfolg geführt haben. Untersuchungen zur Effektivität von Gender Diversity Initiativen und Programmen zeigen: Zwar haben mittlerweile fast alle größeren Unternehmen Maßnahmen ergriffen, um Frauen in Führungspositionen zu fördern, doch zeigt dies nach wie vor zu wenig Wirkung. So haben 90 Prozent der von McKinsey untersuchten Unternehmen[1] eine Diversity Strategie installiert, doch nur acht Prozent haben wenigstens ein Viertel ihrer Führungspositionen mit Frauen besetzt. 63 Prozent jener Unternehmen bieten sogar mehr als 20 Einzelmaßnahmen, knapp die Hälfte setzt dabei auf spezielle Förderprogramme für Frauen. Doch sind nur 13 Prozent der im Rahmen dieser Untersuchung von McKinsey befragten Mitarbeiter auch der Meinung, dass die bestehenden Programme gut umgesetzt werden und den erwarteten Erfolg bringen. Ähnlich verhält es sich mit Mentoring speziell für Frauen. Während 69 Prozent der befragten Unternehmen Mentoringprogramme anbieten, bewerten nur 16 Prozent der Mitarbeiter diese als tatsächlich gewinnbringende Maßnahme. Auch die im Rahmen der Fraunhofer Studie untersuchten Unternehmen[2] haben allesamt seit geraumer Zeit ein umfangreiches Set an Diversity Maßnahmen implementiert. Doch auch hier zeigt sich, dass die Initiativen bisher nicht den gewünschten Erfolg gebracht haben. Als Hauptgrund dafür sehen die Verfasserinnen der Studie, dass durch „speziell für Frauen angebotene Coaching-, Mentoring- und Seminarangebote die Frauen stigmatisiert [werden]. Es wird der Stereotyp genährt, dass Frauen Defizite haben, die mit speziellen Maßnahmen beseitigt werden müssen. Es wird unterstellt, dass sich die Frauen selbst ändern müssen, um ihren Anteil in Führungspositionen zu erhöhen. Die Strukturen und Prozesse der Organisationen werden dabei nicht hinterfragt." (Fraunhofer 2013, S. 17)

Warum, so fragt man sich an dieser Stelle, ist es bisher nicht gelungen, dem Problem an der richtigen Stelle zu begegnen? Und wieso führen all die Programme und Initiativen, die von Personalexperten entwickelt und häufig unter großem zeitlichem und finanziellem Aufwand umgesetzt werden, zu kaum sichtbaren Ergebnissen? Zwei aktuelle Catalyst Studien, die die Wirksamkeit von Förder- und Mentoringprogrammen für Frauen untersucht haben, geben Antworten, die im Folgenden näher ausgeführt werden.

3 Was beeinflusst Karriereverläufe am stärksten?

In der Studie „Good Intentions, Imperfect Execution? Women Get Fewer of the ‚Hot Jobs' Needed to Advance" wird untersucht, was tatsächlich einen positiven Einfluss auf die Karriereverläufe von Männern und Frauen hat. Befragt wurden 1.660 Personen, die über einen MBA Abschluss verfügen und die seit mehreren Jahren als Angestellte in Unternehmen tätig sind[3]. Unter anderem wird dabei der Frage nachgegangen, ob Fehler bei der Umsetzung dafür verantwortlich sind, dass es trotz zahlreicher Entwicklungs- und Förderprogramme bisher nicht gelungen ist, die Lücke zwischen den Geschlechtern signifikant zu verkleinern.

Um herauszufinden, was Potentialträger selbst für wichtige Entwicklungsschritte in ihrem eigenen Karriereverlauf halten, wurden sie gefragt, was nach ihrer Einschätzung den größten Einfluss auf ihr persönliches Weiterkommen im Beruf hatte[4]. Die Ergebnisse zeigen, dass Führungskräfteentwicklung nicht in erster Linie im Seminarraum stattfindet, sondern aus einem Zusammenspiel von Arbeits- und Projekterfahrung, Übernahme von Verantwortung, Zugang zu Netzwerken, einflussreichen Förderern und gezielter Aneignung von Qualifikationen besteht.

- 62 Prozent der Befragten halten die Übertragung von hoch angesehenen Verantwortungsbereichen und Führungsaufgaben, sogenannter „Hot Jobs", die ihnen Sichtbarkeit über Abteilungsgrenzen hinaus beschert haben, für den wichtigsten Aspekt ihres Karriereverlaufes.
- 44 Prozent der Befragten finden es am wichtigsten, Beziehungen zu einflussreichen Personen in Schlüsselpositionen zu pflegen, um sich selbst Zugang zu höheren Ebenen zu verschaffen.
- Zehn Prozent der Befragten nannten Trainings- und Weiterbildungsprogramme als entscheidenden Schlüssel zu ihrem beruflichen Erfolg.

Zu ähnlichen Erkenntnissen kamen Lombardo und Eichinger (2000) mit ihrem 70/20/10 Modell. Jenes besagt, dass etwa 70 Prozent einer Karriereentwicklung auf direkte Erfahrungen während der Arbeit zurückzuführen sind, circa 20 Prozent auf Personen im Arbeitsumfeld und nur rund zehn Prozent auf angelerntes Wissen.

Über die Selbsteinschätzung – was die einzelnen Befragten selbst über ihren Karriereverlauf denken – hinaus wurde in der Catalyst Studie in einer quantitativen Erhebung in Form von Fragebögen untersucht, welche Faktoren tatsächlich Einfluss auf Beförderungen haben und, ob Frauen und Männer gleichermaßen Zugang dazu haben. Dabei lässt sich zunächst feststellen, dass unter den Befragten, die projektbezogene Tätigkeiten ausüben, Frauen und Männer gleichermaßen häufig (jeweils 94 Prozent) Führungsverantwortung für Projekte innehaben. Auch leiten beide Geschlechter zum ungefähr gleichen Zeitpunkt, nämlich im Durchschnitt 18 Monate nach Beendigung ihres MBA Studiums, zum ersten Mal ein Projekt. Auf den ersten Blick scheint es hier also keine geschlechtsspezifischen Unterschiede zu geben. Doch bei tiefergehender Betrachtung lässt sich feststellen, dass Projekt nicht gleich Projekt ist und damit auch die Leitungsfunktionen nicht gleichwertig sind. Wenn also allein die Leitung eines Projektes nicht für den beruflichen Aufstieg verantwortlich ist, so muss es die Leitung des *richtigen* Projektes sein, die ein Weiterkommen ermöglicht. Die Untersuchung hat ergeben, dass Männer größere Projekte leiten als Frauen, die gleichzeitig mit mehr Sichtbarkeit und einem höheren wirtschaftlichen Risiko einhergehen. Damit nehmen Männer häufiger als Frauen Funktionen ein, die betrieblich höchst relevant sind.

- Die Budgets der Projekte von Männern waren im Durchschnitt mehr als doppelt so hoch wie die von Frauen.
- Die Projektteams der Männer waren durchschnittlich dreimal so groß wie die der Frauen.
- 35 Prozent der männlichen und nur 26 Prozent der weiblichen Befragten leiteten Projekte, denen Aufmerksamkeit aus der Vorstandsetage zuteil wurde.
- 30 Prozent der Projekte von Männern gingen mit einer hohen betriebswirtschaftlichen Relevanz einher, aber nur 22 Prozent der Projekte von Frauen. Diese zeichnen sich wiederum aus durch direkte Gewinn- und Verlustverantwortung (56 Prozent Männer, 46 Prozent Frauen), direkt unterstellte Mitarbeiter (77 Prozent Männer, 70 Prozent Frauen) und einer Budgetverantwortung von über 10 Millionen Dollar (30 Prozent Männer, 22 Prozent Frauen).

An zweiter Stelle nach der direkten Arbeits- und Projekterfahrung nehmen die Beziehungen zu einflussreichen Personen im Arbeitsumfeld Einfluss auf das berufliche Fortkommen. 44 Prozent der von Catalyst untersuchten Personen nutzen Kontakte in Schlüsselpositionen, um sich selbst Zugang zu höheren Ebenen zu verschaffen. Entscheidend ist hier, Beziehungen zu Personen zu pflegen, die entsprechend einflussreiche Stellungen inne haben und die bereit sind, als Fürsprecher für ambitionierte Potentialträger einzutreten. Die Befragten (Männer und Frauen), die selbst angaben, Zugang zu entsprechenden Kreisen zu haben, waren tatsächlich beruflich erfolgreicher als ihre Kollegen, die nicht über derartige Verbindungen verfügen.

- Sie haben häufiger direkt unterstellte Mitarbeiter (70 Prozent zu 57 Prozent).
- Zudem arbeiten sie öfters in Projekten mit über 10 Millionen Dollar Budget (38 Prozent zu 30 Prozent).

Doch obwohl sich der Zugang zu einflussreichen Personen für beide Geschlechter positiv auf den eigenen Karriereverlauf auswirkt, ist diese Wirkung für Männer noch deutlich stärker als für Frauen.

- Männer (73 Prozent) haben wiederum häufiger direkt unterstellte Mitarbeiter als Frauen (64 Prozent).
- Außerdem arbeiteten sie öfters (42 Prozent) in Projekten mit über 10 Millionen Dollar Budget als Frauen (30 Prozent).

An dritter Stelle stehen nach Projekterfahrung und Kontakten zu einflussreichen Führungskräften schließlich die formellen Karriereentwicklungs- und Förderprogramme. Obwohl diesen weiterhin eine wichtige Rolle im Talentmanagement und der Führungskräfteentwicklung beigemessen wird, haben sie erstaunlich wenig unmittelbare Auswirkungen auf das berufliche Weiterkommen ihrer Absolventen. Das heißt zwar nicht, dass Schulungen und Seminare nutzlos oder überflüssig sind, doch sollten Unternehmen sicherstellen, sie nicht als Allheilmittel einzusetzen, um mehr Frauen in Führungspositionen zu bekommen. Anstatt Frauen generelle Defizite im Verhalten und ihrer Qualifikation zu unterstellen, sollten Potentialträgerinnen im Rahmen der Übernahme von neuen Rollen und Aufgaben gezielt vorbereitet und entsprechend geschult werden.

Die Untersuchung zeigt, dass Männer und Frauen auf den ersten Blick von formellen Entwicklungsprogrammen gleichermaßen profitieren. Innerhalb von 18 Monaten nach Durchlaufen eines solchen Programmes, bekamen 43 Prozent von ihnen eine bereichsübergreifende Aufgabe zugeteilt, 39 Prozent erhielten eine Aufgabe mit sehr hoher Sichtbarkeit, 30 konnten ihren Verantwortungsbereich erweitern und ebenfalls 30 Prozent bekamen mehr direkt unterstellte Mitarbeiter zugeteilt. Tiefergehende Analysen zeigen jedoch, dass Männer dennoch stärker profitieren als Frauen.

- Männer bekommen im Anschluss an ein Programm häufiger (23 Prozent) Zugang zu besonders prestigeträchtigen Aufgaben mit großer internationaler Reichweite als Frauen (14 Prozent).
- Männer bekommen öfters (13 Prozent) erstmalige Gewinn- und Verlustverantwortung als Frauen (sieben Prozent).
- Männer (22 Prozent) konnten ihre Budgetverantwortung häufiger als Frauen (15 Prozent) um mehr als 20 Prozent steigern.
- 51 Prozent der Männer wurden innerhalb eines Jahres nach einem Karriereentwicklungsprogramm befördert, aber nur 37 Prozent der Frauen.

4 Förderung ist nicht gleich Förderung!

Zusammenfassend lässt sich also feststellen, dass Männer und Frauen gleichermaßen Erfahrungen in der Projektarbeit sammeln, dass die Projekte der Männer aber größer sind, besser ausgestattet und über mehr Sichtbarkeit bis in höchste Führungskreise verfügen. Zudem zahlt sich für Männer der Zugang zu einflussreichen Personen mehr aus als für Frauen und auch spezielle Karriereentwicklungsprogramme bringen männliche Talente schneller voran als weibliche. Angesichts der Tatsache, dass sehr viel Aufwand und Ressourcen in die Förderung von Frauen und insbesondere in spezielle Schulungs- und Entwicklungsprogramme gesteckt werden, gilt es zu überdenken, wie Frauen künftig effektiver gefördert werden können und was ihnen tatsächlich zum Aufstieg verhilft.

Was aber kann getan werden, um die Ungleichheiten zwischen gleichermaßen qualifizierten Personen beider Geschlechter zu beheben?

• Zunächst muss die Intention von Fortbildungs- und Entwicklungsmaßnahmen klar bestimmt werden: Welche Programme dienen in erster Linie der Aneignung neuer Fähigkeiten und welche sollen den Aufstieg fördern? Werden Potentialträger pauschal in Weiterbildungsprogramme entsendet, oder wird auf ihre tatsächlichen Stärken und Schwächen Rücksicht genommen? Wird Frauen grundsätzlich unterstellt, dass sie sich Führungsqualitäten aneignen müssen, egal über welche Fähigkeiten sie bereits verfügen?
• Als nächstes müssen die Zahlen analysiert werden: Nehmen Männer und Frauen gleichermaßen häufig an den unterschiedlichen Programmen teil? Dabei gilt es nicht nur die Gesamtzahl der Teilnehmer zu betrachten, sondern auch die Inhalte der Programme. Denn häufig werden Frauen als weniger qualifizierte Kandidaten betrachtet, d.h. man erwartet von ihnen mehr zusätzliche Qualifikationen und Weiterbildungen als von Männern. Was passiert mit den jeweiligen Absolventen in welchem Zeitraum nach dem Durchlaufen des Programms?
• Des Weiteren sollten auch Rückmeldungen von Führungskräften eingeholt werden, inwiefern sie mit den Ergebnissen der jeweiligen Programme zufrieden sind und, ob die tatsächlich notwendigen Qualifikationen vermittelt werden, sowohl bei Männern, als auch bei Frauen.
• Schließlich sollten nicht nur formelle Programme und Karrierepläne kontinuierlich überprüft werden, sondern vor allem auch der Zugang von Männern und Frauen zu Projekten, die als erfolgskritisch und karriereentscheidend gelten.

Darüber hinaus lässt sich als weiteres Ergebnis dieser Untersuchung festhalten, dass die Kenntnis der genauen Daten und Kennzahlen entscheidend ist, um an der richtigen Stelle mit den richtigen Instrumenten ansetzen zu können. Betrachtet man beispielsweise nur Projektarbeit an sich, fällt zunächst kein Unterschied zwischen Männern und Frauen auf. Erst bei genauerer Analyse werden die Unterschiede bezüglich des Ausmaßes und der Reichweite sichtbar. Organisationseinheiten müssen also strategisch vorgehen und Entwicklungen aufmerksam verfolgen, um sicherzustellen, dass Maßnahmen und Ressourcen zielführend eingesetzt werden und dabei die bestmöglichen Erfolge erzielt werden können. Im Bezug auf Frauen bedeutet dies, dass sie gleichermaßen wie Männer Zugang zu Positionen und Projekten haben müssen, die ihnen die Möglichkeit bieten, ihr Können unter Beweis zu stellen und in höheren Führungsebenen auf sich aufmerksam zu machen.

5 Mentoring und Sponsoring

Jahrelang hielt sich die Behauptung, dass Frauen schlechtere Aufstiegschancen hätten, weil es ihnen an Mentoren mangelte. Betrachtet man jedoch die Vielzahl an Mentoringprogrammen – verschiedenen Umfragen (u.a. McKinsey 2012) zufolge haben rund zwei Drittel aller Großunternehmen mittlerweile Mentoringprogramme eingeführt – fällt auf, dass diese Bemühungen bisher kaum nennenswerte Erfolge nach sich gezogen haben. Die Catalyst Studien zeigen, dass Frauen, die erfolgreich ein Karriereentwicklungsprogramm durchlaufen, im Anschluss sogar häufiger einen Mentor zugeteilt bekommen als ihre männlichen Kollegen (47 Prozent der Frauen und 39 Prozent der Männer). Auf das Training und die Aneignen von Fähigkeiten folgen also häufiger weitere Maßnahmen, bei denen die Vermittlung von Kenntnissen im Mittelpunkt steht anstatt solche, bei denen die erworbenen Kenntnisse angewendet werden können. Einige Frauen sprechen deshalb mittlerweile schon davon, dass sie „zu Tode gementort werden" (Ibarra et al. 2010) und dass ihnen vor lauter Mentoring – zeitweise von mehreren Mentoren gleichzeitig – kaum noch Zeit für ihre eigentliche Arbeit bleibt (ebda.).

Somit stellt sich unweigerlich die Frage, ob die Programme überhaupt den Bedürfnissen der Frauen entsprechen und, ob dabei die richtigen und für die Karriere wichtigen Beziehungen entwickelt werden. Denn während Kontakte zu einflussreichen Personen wichtig sind, kommt es vor allem auf die Qualität der Beziehung und die Position an, in der sich der Förderer befindet. Die Catalyst Forschung hat dem Thema über einen Zeitraum von 20 Jahren Studien, Ratgeber und Praxisbeispiele gewidmet und dabei immer wieder neue Erkenntnisse erarbeitet. Demnach werden Männer (62 Prozent) öfters als Frauen (52 Prozent) von Personen gefördert, die zur Gruppe der leitenden Angestellten gehören. Das ist auch dann der Fall, wenn man Männer und Frauen betrachtet, die sich selbst auf der gleichen Karrierestufe befinden. Wenn Frauen jedoch Unterstützung aus entsprechend hohen Führungsebenen erhalten, führt dies gleichermaßen zum Erfolg und Aufstieg wie bei Männern.

Worauf kommt es also an und über welche Qualitäten sollte die Person verfügen, die junge Talente und Potentialträger so fördert, dass es tatsächlich dem Erklimmen der Karriereleiter dient? Die Literatur (u.a. Catalyst 2010; Hewlett et al. 2011; McKinsey 2011) unterscheidet mittlerweile zwischen Mentoring und Sponsoring, wobei letzteres als zielführender betrachtet wird. Doch in der Praxis ist es nicht immer leicht, die Unterschiede zu erkennen. Einige werden im Folgenden aufgelistet.

Beratung: Sowohl beim Mentoring als auch beim Sponsoring spielen Coaching und Beratung eine große Rolle. Doch diese gehen beim Sponsoring weit über pauschale Ratschläge und Karrieretipps hinaus und beziehen sich stattdessen auf spezifische Rollen, Positionen oder Aufgaben, die ein Sponsor für seinen Protegé vorsieht.

Position: Um als erfolgreicher Sponsor agieren zu können, muss eine Person selbst eine entsprechend einflussreiche Stelle in einer Organisation einnehmen. Sie muss darüber hinaus bereit sein, ihren Einfluss und ihre Entscheidungskraft in den Ring zu werfen, um als Fürsprecher eine Nachwuchskraft zu unterstützen und sich aktiv für deren Weiterkommen einsetzen, sie unter Umständen auch einmal zu beschützen.

Einsatz: Sucht sich ein Sponsor jemanden aus, dessen Karriereentwicklung er unterstützen möchte, dann hilft er ihm oder ihr zunächst, die notwendigen Fähigkeiten zu erwerben, die für die vorgesehene Entwicklungsstufe notwendig sind. Erst dann setzt er sich öffentlich und bei einflussreichen Personen dafür ein, seinen Protegé zu befördern und verbindet dies auch mit seinem Namen: „Ich habe ihn ausgesucht, ich habe ihn vorbereitet und ich werde weiterhin dafür sorgen, dass er seine Rolle erfolgreich ausführen kann."

Unterstützung: Sponsoren machen auf Möglichkeiten aufmerksam (oder schaffen sie selbst) und geben die notwendigen Hilfestellungen, damit ihr Protegé aufsteigen kann. Dafür müssen sie entsprechend dessen Karriereabsichten und langfristigen Ziele gut kennen und verstehen.

Risikobereitschaft: Schließlich – auch das gilt es zu bedenken – birgt Sponsorship auch ein Risiko und zwar für beide Seiten: Für diejenigen, die ihre eigene Reputation für jemanden einsetzen und für diejenigen, die die Erwartungen, die an sie gestellt werden, erfüllen müssen.

Die Unterschiede zwischen Mentoring und Sponsoring sind häufig fließend. So kann ein Mentor auch ein Sponsor sein oder sich zu diesem entwickeln, wenn die Beziehung über die traditionelle Ratgeber-Rolle hinausgeht und sich nicht nur auf die Weitergabe von Wissen beschränkt, sondern durch den Einsatz von Macht und Einfluss ein Weiterkommen ermöglicht. Dies kann eine Möglichkeit darstellen, dass Sponsoren und Protegés zueinander finden. Eine Sponsoring – Beziehung entsteht idealerweise dann, wenn Entscheidungsträger auf Potentiale und Talente aufmerksam werden und sich dafür einsetzen, dass diese auch gefördert werden. Das bedeutet wiederum, dass junge Talente auf ihre Arbeit aufmerksam machen und sichtbar werden müssen. Da Vertrauen und Zutrauen wesentliche Grundlagen einer Sponsoring Partnerschaft sind, können Sponsoren und ihre Protegés nicht ohne Weiteres von Außenstehenden in Form eines Programmes zusammengeführt werden. Die große Mehrheit der von Catalyst befragten Sponsoring-Paare haben durch gemeinsame Arbeit und Projekte zusammen gefunden. Schließlich muss eine Beziehung zustande kommen, die auf Vertrauen in die gegenseitigen Fähigkeiten basiert. Doch sollte dies auch nicht gänzlich dem Zufall überlassen bleiben, da sonst bevorzugt Partner ausgewählt werden, die einem selbst sehr ähnlich sind, was wiederum dazu führt, dass nicht die gesamte Breite des Talentpools ausgeschöpft wird. In der Untersuchungsgruppe suchten sich beispielsweise neun von zehn Männern einen männlichen Förderer und knapp zwei Drittel der Frauen eine Frau. Da jedoch mehr Männer als Frauen in Führungspositionen sind, ist der Pool an Männern natürlich entsprechend größer. Ohne Einwirkung von außen finden somit Männer leichter Förderer in den entsprechend einflussreichen Ebenen als Frauen. Auch gibt es bei Männern Vorbehalte, eine Frau als Protegé auszuwählen, da Frauen als risikoreichere Kandidatinnen betrachtet werden, auch wenn es dafür keinerlei Belege gibt. Denn haben sie erst mal einen Sponsor gefunden, gibt es keinerlei Unterschiede zwischen Männern und Frauen, was die Beziehungen, Erfahrungen und Aufstiegsmöglichkeiten angeht. Mit entsprechender Unterstützung steigen Frauen ebenso schnell in Führungspositionen auf wie Männer. Deshalb muss darauf geachtet werden, dass weibliche Nachwuchskräfte die gleiche Chance bekommen, einflussreiche Förderer zu finden, wie ihre männlichen Kollegen. Um das zu forcieren, sollten Unternehmen aktiv darauf hinwirken, dass Führungspersönlichkeiten sich als Sponsoren zur Verfügung stellen und aktiv nach Talenten suchen. Zudem können sie darin geschult werden, als Sponsoren tätig zu werden und Potentialträger zu erkennen sowie die entsprechenden Fähigkeiten zu vermitteln und Karrierewege zu fördern und zu unterstützen. Wie Befragte aus der Untersuchungsgruppe berichteten, fließt es in einigen Unternehmen bereits in die Bewertung ein, ob und wie aktiv sich Führungskräfte um Nachwuchstalente verdient machen.

Darüber hinaus gibt es durchaus positive Effekte, für die es sich lohnt, sich als Sponsor verdient zu machen und dafür Zeit und den eigenen Einfluss einzusetzen. So berichten Sponsoren in der Befragung, dass ihnen diese Rolle ermöglicht, wertvolle Informationen über das eigene Unternehmen zu erhalten, da Protegés nicht nur über ihre persönlichen Erfahrungen berichten, sondern auch Kenntnisse aus verschiedenen Organisationseinheiten und – ebenen weitergeben, zu denen Führungskräfte sonst keinen Zugang haben. So lernen sie neue Blickwinkel kennen, erfahren, mit welchen Möglichkeiten und Schwierigkeiten ambitionierte Mitarbeiter konfrontiert sind und können daraus wiederum Kenntnisse für das eigene Führungsverhalten ableiten. Zudem profitiert auch das gesamte Unternehmen davon, wenn Führungskräfte die Personalentwicklung unterstützen und ein Auge darauf haben, welche Nachwuchskräfte über besondere Talente und Fähigkeiten verfügen. Schließlich gaben viele der befragten Sponsoren aus der Untersuchungsgruppe an, dass die persönliche Befriedigung, die sie für sich aus dem Prozess gewinnen, der schönste Lohn für den zusätzlichen Aufwand ist.

6 Gut gemeint, ist nicht zwangsläufig gut gemacht!

Der langsame Fortschritt bei der Steigerung des Anteils von Frauen in Führungspositionen macht es notwendig, dass bisher angewandte Strategien und Maßnahmen überdacht und gegebenenfalls auch neu ausgerichtet werden müssen. Aktuelle Catalyst Studien machen auf Defizite aufmerksam und zeigen Lösungsansätze. Wenn sie auch keine Patentrezepte anbieten, so können sie Unternehmen, Führungskräften und Personalverantwortlichen dennoch dabei behilflich sein, an den richtigen Ansatzpunkten die richtigen Fragen zu stellen, zu wichtigen Erkenntnissen zu gelangen und daraus neue Lösungen und Strategien zu erarbeiten.

Zusammenfassend ist noch einmal festzuhalten: Aufstieg – egal ob für Frauen oder Männer – findet nicht im Seminarraum statt. Karriereentwicklungsprogramme und Schulungen sind notwendig, sollten aber niemals allein stehen, sondern in erster Linie dazu dienen, andere Maßnahmen und Initiativen zu unterstützen oder zu flankieren. Ob spezielle Programme für Frauen zielführend sind, muss im Einzelfall entschieden werden. Doch sollten sie möglichst nicht pauschal unterstellte „Defizite" von Frauen adressieren, sondern gezielt auf anstehende Entwicklungsschritte vorbereiten. Weiterhin sollte bei allen Programmen und Seminaren überprüft werden, welche Auswirkungen sie auf die weiteren Karriereverläufe der Teilnehmer haben. Um die Aufstiegsmöglichkeiten von Frauen zu verbessern, muss dazu auch überprüft werden, ob sich Männern und Frauen im Anschluss gleichwertige Entwicklungsmöglichkeiten bieten, ob sie gleichermaßen Verantwortung übertragen bekommen und schließlich auch befördert werden. Regelmäßig eingeholte Rückmeldungen von Führungskräften können zudem Rückschlüsse darauf geben, ob durchgeführte Maßnahmen sich positiv auf die Fähigkeiten ihrer Mitarbeiter auswirken und somit die tatsächlich notwendigen Qualifikationen vermittelt werden. Die

Untersuchungen zeigen, dass Verantwortung für wichtige Projekte, die sogenannten „Hot Jobs", am häufigsten zum unmittelbaren Aufstieg im Unternehmen führt. Doch lässt sich auch feststellen, dass Männer bisher häufiger als Frauen Zugang zu diesen „Hot Jobs" erhalten. Deshalb ist es für Unternehmen und Führungskräfte von großer Bedeutung, zunächst zu analysieren, welche Projekte oder Aufgaben in Ihrer Organisation karriereentscheidend sind und im nächsten Schritt zu überprüfen, ob Männer und Frauen gleichermaßen Zugang dazu haben. Aus diesen Erkenntnissen müssen schließlich Strategien abgeleitet werden, wie Personalverantwortliche und Führungskräfte hinsichtlich dieser Herausforderung am besten zusammenarbeiten können.

Der dritte, für die Karriere entscheidende Aspekt ist der Zugang zu Entscheidungsträgern. Mentoringprogramme, die als häufigstes Instrument eingesetzt werden, um die vielbeschworenen Netzwerke zu erweitern, erfüllen diesen Zweck jedoch nur bedingt. Zum einen befinden sich Mentoren nicht zwangsläufig in einer Position, die ihnen die Macht einräumt, ihren Mentees nicht nur mit Ratschlägen zur Seite zu stehen, sondern auch Einfluss auf deren tatsächliches Weiterkommen zu nehmen. Zum anderen zeigen Untersuchungen, dass Männer im Durchschnitt ranghöhere und somit einflussreichere Förderer haben als Frauen, was wiederum einen positiveren Einfluss auf ihren Karriereverlauf hat. Haben Männer und Frauen jedoch Fürsprecher auf gleicher Ebene, steigen sie auch gleichermaßen schnell auf. Deshalb wird mittlerweile in einigen Unternehmen bewusst auf Sponsoring als Weiterentwicklung des bisher bekannten Mentoring gesetzt, um genau diese Defizite zu adressieren. Auf die Zusammensetzung von Sponsoring-Partnerschaften kann zwar von außen nur bedingt Einfluss genommen werden, da diese noch viel stärker als Mentoring-Beziehungen von Vertrauen und Zutrauen geprägt sein müssen. Doch können Unternehmen aktiv darauf hinwirken, dass Führungspersönlichkeiten sich als Sponsoren zur Verfügung stellen und aktiv nach Talenten – auch explizit weiblichen – suchen und die daraus resultierenden Erfolge auch in die Bewertungskriterien für Führungskräfte mit einfließen lassen.

Der Dreiklang aus gezielter Qualifikationsvermittlung, Förderung und Verantwortungsübertragung ist sicherlich nicht neu. Doch sollte er stärker als bisher als Weiterentwicklung bestehender guter Ansätze betrachtet werden, damit sich die Bemühungen künftig auch in sichtbaren Erfolgen niederschlagen.

Literatur

Catalyst: Mentoring: A Guide to Corporate Practice and Programs. New York, (1993).

Catalyst: Mentoring: Necessary but Insufficient for Advancement. New York, (2010).

Catalyst: Good Intentions, Imperfect Execution? Women Get Fewer of the „Hot Jobs" Needed to Advance. New York, (2012).

Catalyst: Sponsoring Women to Success. New York, (2012).

Ernst & Young: Mixed Leadership. Gemischte Führungsteams und ihr Einfluss auf die Unternehmensperformance, (2012).

Hewlett, A.S.; Peraino, K.; Sherbin, L.; Sumber, K.: The Sponsor Effect: Breaking Through the Last Glass Ceiling. Harvard Business Review Research Report, (2010).

Ibarra, H.; Carter, N.M.; Silva, C.: Why Men Still Get More Promotions Than Women. Harvard Business Review, (2010).

Kaiser, S.; Hochfeld, K.; Gertje, E; Schraudner, M.: Unternehmenskulturen verändern – Karrierebrüche vermeiden. Fraunhofer. Stuttgart, (2013).

Lombardo, M. M.; Eichinger, R. W.: The Career Architect Development Planner. 3rd Ed. Minneapolis, (2000).

McKinsey & Company: Organization Practice Women in the Economy. Selected Exhibits. Addendum to special report „Unlocking the Full Potential of women in the US economy". New York, (2011).

McKinsey & Company: Women Matter 2012. Making the Breakthrough. Visual Media Europe, (2012).

Endnoten

1 McKinsey untersuchte für die Studie „Women Matter: Making the Breakthrough" 235 Unternehmen in Europa, von denen 75 Prozent über 10.000 Mitarbeiter und/oder einen Jahresumsatz von über einer Milliarde Euro haben. Neben einer quantitativen Fragebogenerhebung wurden qualitative Interviews mit jeweils einer Top-Führungskraft aus jedem Unternehmen geführt sowie eine online Befragung von 1.768 Personen, die überwiegend dem mittleren Management angehören.

2 Allianz Deutschland AG, BASF SE, Bayer AG, Bosch-Gruppe, Daimler AG, Deutsche Bahn AG, EADS, Infineon Technologies AG, Microsoft.

3 Auszug aus der Methodenbeschreibung: Analyses in Good Intentions, Imperfect Execution? Women Get Fewer of the „Hot Jobs" Needed to Advance are based on the 1,660 respondents who answered one or both of the Catalyst surveys fielded in 2010 and 2011. We included all MBA alumni without restriction based on organization type or traditional career paths. Questions regarding leadership development programs, mission-critical roles, and international experiences were asked in both the 2010 and 2011 surveys. Questions about project-based work and the open-ended question that provided our qualitative data were asked in the 2011 survey. Additional questions about post-MBA career experiences were asked in the initial survey in 2008, responses from which were included for the high potentials who continued to participate in our longitudinal study.

4 Auszug aus der Methodenbeschreibung: These stats come from an analysis of an open-ended question in the survey that asked, „What leadership development opportunity has had the biggest impact on your career?" The responses were coded such that they fell into one of three categories:

„hot jobs" (i.e, large projects, stretch assignments, etc.), critical relationships (i.e., networking, mentoring, sponsorship), and formal development programs. An individual's response could fall into more than one category.

5 Catalyst hat seit 1993 zahlreiche Studien zum Thema durchgeführt. Die Ergebnisse im Folgenden beziehen sich auf „Mentoring: Necessary but Insufficient for Advancement." (2010) und „Sponsoring Women to Success." (2012)

Auszug aus der Methodenbeschreibung: Reported findings in Mentoring: Necessary But Insufficient for Advancement draw from the 4,143 respondents who completed full-time MBAs and worked fulltime in companies or firms at the time of the survey, with some notable exceptions:

• When we look at promotions and compensation growth in the jobs high potentials held as of 2008 in Mentoring: Necessary But Insufficient for Advancement, we draw from a sub-sample of 3,013 respondents who either never had a mentor or had a mentor at some point while at their current employer as of the 2008 survey.

For Sponsoring Women to Success, Catalyst conducted one-hour interviews with 93 executives and high performers at six top global organizations to better understand sponsorship, its associated benefits, and how organizations can build more transparency around sponsorship. Catalyst interviewed a total of 93 leaders, 36 percent of whom were women sponsors, 26 percent of whom were men sponsors, 23 percent of whom were women protégés, and 15 percent of whom were men protégés. Executives and high performers were identified by key contacts at Catalyst member organizations, or organizations with whom Catalyst has a relationship. Thus, the sample is a „convenience" sample. Executives and high performers were based in Asia, Australia, Europe, North and South America. All interviews were analyzed for themes, with the most common themes among responses being presented in the report.

Nachwort

„The only person who likes change, is a wet baby"

Während hier Beiträge zur Personalentwicklung 2020 geschrieben werden und die Praxis überwiegend mehr oder weniger noch im Status quo der Personalentwicklung verharrt, veröffentlichen Zukunftsinstitute wie Signium International bereits Prognosen zur Unternehmensführung und zur Management-Agenda 2030 und für Berufe mit Zukunft. Als handlungsleitende Konzepte in Organisationen gelten Selbstorganisation, transformative Führung, werteorientierte Unternehmenskultur, der Blick auf das Ganze und die systemische Organisation. Es sind keineswegs neue Ideen. Längst sind sie von Experten der Zeit voraus in der Literatur beschrieben, lange eingefordert von den unterschiedlichsten progressiven gesellschaftlichen Gruppen außerhalb von betrieblichen Organisationen der Wirtschaftswelt. Die Trägheit vieler Organisationen wird in Bewegung gebracht seit die interne Konfrontation zwischen Führungskräften, Personalmanagern und selbstbewussterem Personals in Unternehmen zunimmt.

Der externe politische Handlungsdruck um die Einführung von Quoten, für Chancengleichheit, Vorurteilsfreiheit und der wirtschaftliche Wettbewerb um den Erhalt und Gewinn von Marktpositionen, Fachkräften und Experten und deren wertvolles knappes Humankapital befeuern den Mentalitätswechsel für die nachhaltige Zukunftsfähigkeit in der Personalführung und in der Personalentwicklung in den nächsten Jahren. Veränderung speist sich aus Reflexion und Selbsterkenntnis, aus Bildung, die resultiert aus interdisziplinärem Wissen und Können und dem strategischen Diskurs über geteilte Werte, soziale Bindungen und dazu Haltungen, die soziale Innovationen erst ermöglichen.

Personalentwicklung 2020 gelingt nicht unreflektiert, wenn sie reduziert ist auf praktische Fragen und dem Wunsch nach einfachen Methoden und, wenn Führungskräfte oder Personalentwickler fachlich nicht auf der Höhe der Zeit sind oder persönlich Vermeidungsverhalten in Konfliktsituationen bevorzugen. Personalentwicklung in Veränderungsprozessen ist wie Personalführung im Sinne von Fredmund Malik durchaus zeitweilig „ein Minenfeld". In diesem Bewusstsein gilt es für diejenigen in Unternehmen, die Personal und Organisation als Aufgabenfeld und in ihrer Mitverantwortung sehen, strategisch zu arbeiten.

Autorinnenprofile

Elisabeth Ferrari

ist Systemische Unternehmensberaterin. Nach dem Studium von Mathematik und Informatik in Berlin und Studium Wirtschaftswissenschaften an der Fernuniversität Hagen ist der Arbeits- und Forschungsschwerpunkt seit 20 Jahren die Anwendung syntaktischer Arbeitsweisen, aufbauend auf SYST-Grammatiken der Strukturaufstellung in Führung und Beratung, sowie die Entwicklung allgemein gültiger Arbeitsstrukturen, die unabhängig von konkreten Prozessinhalten eingesetzt werden können und so risikoloseres Arbeiten ermöglichen.

Dr. Isabelle Kürschner

ist Politikwissenschaftlerin und hat in Erlangen, Montreal und Eichstätt studiert. Ihre Forschungsschwerpunkte liegen auf den Karriereverläufen von Frauen in Politik und Wirtschaft sowie auf den Themen Arbeitswelt der Zukunft und Work-Life-Integration. Sie ist heute Beraterin für die Internationale Forschungsorganisation Catalyst und Auditorin für Beruf und Familie der Hertie Stiftung. In diesen Funktionen berät sie bundesweit und international Unternehmen und Institutionen, hält Vorträge und publiziert .

Karin Peters

ist Sozialökonomin und hat bis Ende 2012 als Personal- und Organisationsentwicklerin den Bereich „Beratung, Konzepte und Qualitätsmanagement" am Kompetenzzentrum für Verwaltungsmanagement der FHVD in Schleswig-Holstein geleitet. Seit 2013 arbeitet sie als freiberufliche Beraterin und Trainerin. Ihre Arbeitsschwerpunkte sind die Begleitung von Führungskräfte- und Teamentwicklungsprozessen in der öffentlichen Verwaltung. Sie setzt sich dafür ein, dass der öffentliche Dienst und die Menschen, die dort arbeiten, sich an ihre Stärken, Fähigkeiten, Erfolge und Potenziale erinnern und diese wohlüberlegt einsetzen.

Johanna Rühl

ist Volljuristin, Schwerpunkt im Verwaltungs- und Europarecht und hat mehrjäh-
rige Erfahrung als Anwältin. Seit 2007 ist sie als systemische Unternehmensberaterin und Teamentwicklerin nach der lösungsfokussierten Schule (Schule von
Milwaukee) sowie der Arbeitsweise der Organisationsberatung nach SySt® München tätig, und zwar überwiegend für Organisationen der öffentlichen Hand. Die
Schwerpunktthemen ihrer Arbeit, auch als Seminarleiterin und Dozentin sowie
im Coaching sind fachübergreifendes Führen und Arbeiten, Kommunikation und
Konflikte sowie beteiligungsorientierte Verfahren.

Dr. Britta Thege

ist wissenschaftliche Geschäftsführerin des Interdisziplinären Instituts für Gender
und Diversity an der Fachhochschule Kiel. Ihre Arbeits- und Forschungsschwerpunkte sind Gender und Diversity, Gender Mainstreaming /Gleichstellung und
Gender/HIV Aids. Sie ist Dozentin am Fachbereich Soziale Arbeit und Gesundheit der Fachhochschule Kiel und unterrichtet Kommunikation und Konflikt im
beruflichen Alltag, Projektplanung und zu Themen internationaler Sozialarbeit.
Darüber hinaus führt sie auf internationaler Ebene Gender Trainings Seminare,
zumeist in Hochschulkontexten durch.

Prof. Dr. Ingelore Welpe

ist Psychologin und Anthropologin mit Lehr- und Forschungsschwerpunkten
Entwicklungsbiologie und -psychologie, Sozialanthropologie, Gender in Organisationen, Gesundheits- und Ingenieurwissenschaften. Gründungsdirektorin und
langjährige Geschäftsführende Direktorin des heutigen Gender/Diversity Institut
der FH Kiel. Geschäftsführung des Institut für Strategische Entwicklung von Personal und Organisation in Wirtschaftsunternehmen (shrmacademy) mit weltweit
internationaler Beratungs- und Trainingstätigkeit. Sachbuchautorin und Herausge-
berin der Reihe Angewandte Genderforschung & Gender Research Applied.

Angewandte Genderforschung. Gender Research Applied

Herausgegeben von Ingelore Welpe

Band 1   Ingelore Welpe / Marike Schmeck: Kompaktwissen Gender in Organisationen. 2005.

Band 2   Ingelore Welpe / Philip Owino (eds.): The Intersection of Human Capital, Gender and HIV/AIDS in the African Context. 2007.

Band 3   Ingelore Welpe / Barbara Reschka / June Larkin (eds.): Gender and Engineering: Strategies and Possibilities. 2007.

Band 4   Ines Wulff: Implementierung von Gender Mainstreaming. Eine qualitative Untersuchung in Einrichtungen des Gesundheitsbereichs. 2008.

Band 5   Ingelore Welpe / Britta Thege: Karriereagenda für Frauen. Wie Geschlecht und Kommunikation über den Karriereerfolg entscheiden. 2011.

Band 6   Ingelore Welpe (Hrsg.): Personalentwicklung 2020. Wie die Megatrends Gender, Diversität und Quotierung die Personalentwicklung transformieren. 2014.

www.peterlang.com

www.ingramcontent.com/pod-product-compliance
Lightning Source LLC
Chambersburg PA
CBHW052012270326
41929CB00015B/2889